INFO VERLAG · BERNHARD SCHMITT · LAOS

BERNHARD SCHMITT

Laos

Vorwort · Préface · Preface
Joseph R. Pouvatchy

INFO VERLAG

Herausgeber · Editeur · Publisher
Thomas Lindemann

Mitarbeit · Rédaction · Editorial staff
Constanze Jung
Ariane Lindemann M.A.
Volker Morsch
Dr. Bernd Villhauer

Übersetzung · Traduction · Translation
Johann Beetz (Deutsch)
Barry Dobson (Englisch)

Satz · Mise en page · dtp
Christopher Jung
Thomas Lindemann

Reproduktionen · Reproductions · Scans
Lithostudio 75, Karlsruhe

Karte · Carte · Map S. 8
Elsner + Schichor, Karlsruhe

Verlag · Maison d'édition · Publisher
INFO Verlag GmbH
Postfach 3367 · D-76019 Karlsruhe
Telefon (+49)-(0)721-617888
Fax (+49)-(0)721-621238
ISDN Leonardo (+49)-(0)721-9613850
mail: info@infoverlag.de
www.infoverlag.de

Die Deutsche Bibliothek - CIP Einheitsaufnahme
Ein Titeldatensatz für diese Publikation ist bei
Der Deutschen Bibliothek erhältlich.

Gedruckt in Deutschland von
Imprimé en Allemagne par
Printed in Germany by
Engelhardt & Bauer, Karlsruhe

ISBN 3-88190-258-9

Inhalt
Contenu
Contents

Gauhati
INDIEN
BANGLA-
DESCH
Imphal
Dhaka
CHINA
Nanning
Zhanjiang
MYANMAR
Hanoi
Haiphong
Haikou
Chittagong
Ganges
Delta
Mandalay
Meiktila
Irrawaddy
Arakan Yoma
Pegu Yoma
Tanen Tong Range
Luang
Prabang
Xieng
Khouang
Golf von
Tongkin
Hainan
Akyab
LAOS
Vinh
Chiang Mai
Lampang
Vientiane
Mekong
Süd-
chinesisches
Meer
Prome
Thakhek
Hue
Dawna Range
Đa Nang
Henzada
Savannakhet
THAILAND
Puthein
Rangun
Moulmein
Pakse
Champassak
VIETNAM
Nakhon
Ratchasima
Irrawaddy
Delta
Golf von
Martaban
Phanom Dang Raek
Qui Nhon
Golf
von Bengalen
Bilauk Taung Range
KAMBODSCHA
Bangkok
Tavoy
Kampong
Cham
Nha Trang
Battambang
Mergui
Andamanen-
see
Phnom Penh
Saigon
(Ho Chi Minh City)
Andaman
Inseln
Can Tho
Mekong
Delta
Mergui Archipel
Golf von
Thailand
N
Mui Cà Mau
0
250 km

Begegnung mit Laos

EINE EINLADUNG ZUR REISE VON JOSEPH R. POUVATCHY

In Laos, dem Land, in dem "die verschleierten Sonnen dieser unruhigen Himmel ... einen so geheimnisvollen Zauber ausstrahlen" (Baudelaire) ist alles pure Schönheit, Heiterkeit und Sinnenfreude – das gilt für die Landschaften ebenso wie für das Verhalten der Menschen.

In den Tag hinein leben können, eingebettet in Riten und Traditionen, teilnehmen am Schweigen der Klöster und an den Dorffesten, den Klebreis kosten und die gegrillten Bananen, sich berauschen an den zahllosen exotischen Düften: So kann man sich dem Land der Laoten langsam nähern.

Laos öffnet sich der Welt, aber es liefert sich nicht blind einem hemmungslosen Tourismus aus – wie es bisweilen anderswo in Asien geschieht. Gerade dies macht seinen Reiz und seine Anziehungskraft aus.

Einst "Königreich der Million Elefanten und des weißen Schirms" (Lane Xang Hom Khao) genannt, ist Laos auch heute noch ein zauberhaftes Land, mit seinen unendlich großen Wäldern, seinen Bergen, die der Dschungel bedeckt, seinen Wasserläufen, manchmal wild tobend, manchmal ruhig und besänftigend dahingleitend.

Laos – ein Überblick.
Laos – une vue d'ensemble.
Laos – an overview.

Ein Land, das die jüngste Geschichte vergessen zu haben scheint: Überall ist – trotz des Eindringens der Ausländer und der mörderischen Kriege – die alte Kultur noch gegenwärtig.

Entdeckung eines Landes

Mit einer Fläche von 236.800 km^2 (das entspricht in etwa der Größe Großbritanniens) erstreckt sich Laos über mehr als 1.000 km von Norden nach Süden und über 200 bis 400 km von Westen nach Osten. Bei rund 5 Millionen Einwohnern, also etwa der Hälfte der Bevölkerung Bangkoks, ist es das am geringsten bevölkerte Land Asiens. Thailand hat 12-mal, Vietnam 16-mal mehr Einwohner. Die Bevölkerungsdichte liegt bei 15 Einwohner pro Quadratkilometer.

Das Klima in Laos ist tropisch. Von Mai bis Oktober bringt der Monsunregen Niederschläge, die die Flüsse über die Ufer treten lassen. Dann beginnt die trockene Jahreszeit mit frischen und in den Höhenlagen sogar kalten Temperaturen. Von März bis Mai herrscht im Land große Hitze.

Topografisch gliedert sich Laos in zwei Regionen: das Tal des Mekong, wo mehrere Ebenen aufeinander folgen – von der Gegend um Vientiane bis zur kambodschanischen Grenze – sowie das weite Hinterland mit seinen stark bewaldeten Gebirgszügen und Plateaus. Der größte Teil des Landes wird von Tropenwald bedeckt. Hier finden sich zahlreiche Baumarten, wie Teakbaum und Palisander, Palmen, Bambus und Kapokbäume, aber auch exotische Gewürze wie Kardamon und Ingwer, Kräuter und Benzoe, die Verwendung nicht nur in der Küche sondern auch in der einheimischen Herstellung von Medikamenten finden.

Verglichen mit den Nachbarländern besitzt Laos eine noch relativ gut erhaltene Vegetation. Die drohende Vernichtung der Wälder wurde durch die staatliche Kontrolle des Holzeinschlags und ein Rundholzexportverbot gestoppt. Aber nicht nur der Wald, sondern auch die Reisfelder, die während der Regenzeit in herrlichem Grün leuchten, sind charakteristisch für die laotische Landschaft. Der Reis, feucht in der Ebene, trocken im Gebirge, wird im Frühling gesät, um im Herbst geerntet zu werden. Er bildet die Ernährungsgrundlage der Laoten.

An der Flora und Fauna sind die Kriegszeiten der sechziger und siebziger Jahre nicht spurlos vorübergegangen. Die Jagd, die bis heute noch nicht gesetzlich geregelt ist, vor allem aber auch der Brandrodungsfeldbau und die anschließende Pflanzung von Reis haben der Tier- und Pflanzenwelt ebenfalls geschadet. Dennoch ist Laos, auch dank der geringen Bevölkerungsdichte und eines relativ wenig entwickelten Verkehrsnetzes, eines der asiatischen Länder geblieben, die noch eine üppige und mannigfaltige Natur besitzen: Wilde Elefanten, Leoparden, Schwarzbären, zahlreiche Affenarten und Wildschweine sind hier zu Hause.

Laos – mit der Hauptstadt Vientiane – ist seit 1975 eine demokratische Volksrepublik. Seit 1986 öffnet sich das Land der Marktwirtschaft. Handel und Dienstleistungsgewerbe haben sich stürmisch entwickelt. Die Bevölkerung, zu etwa 85 % in der Landwirtschaft tätig, produziert Gemüse, Kaffee, Soja, Baumwolle, Erdnüsse, Reis und Mohn – aus dem man Opium gewinnt. Industrie gibt es kaum. Reich an Kohle, Eisen, Kupfer und Gold, wird der Boden hier noch wenig ausgebeutet. Ein weiterer großer natürlicher Reichtum, der hingegen intensiv genutzt wird, ist die hydroelektrische Energie, die der Mekong und seine Nebenflüsse liefern. Erwähnenswert ist hier besonders das Stauwerk über den Nam Ngum, nördlich von Vientiane; es ist das größte Südostasiens.

Eingeschlossen zwischen China, Vietnam, Kambodscha, Thailand und Burma, ist Laos der einzige Staat der Region ohne direkten Zugang zum Meer. Die wesentlichen wirtschaftlichen Aktivitäten von Laos konzentrieren sich im Grenzland zu China, Vietnam und Thailand. Mit einem mittleren Jahreseinkommen von rund 300 US-Dollar pro Einwohner ist Laos noch immer eines der ärmsten Länder der Welt. 1998 ist das Land in die "Association of South East Asian Nations" (ASEAN) aufgenommen worden. Dieser Interessengemeinschaft gehören unter anderem auch Vietnam, Kambodscha, Thailand und Burma an.

Der Fluss und die Städte

Der Mekong, die mächtige und wunderbar einigende Kraft, diese "Mutter der Gewässer", ist das Meer von Laos. Er entspringt in China und mündet im Süden von Vietnam ins Meer. Mit einer Gesamtlänge von mehr als 4.000 km zieht er sich 1.500 km durch Laos und dient als natürliche Grenze zu Burma und Thailand. Das Wasser des Flusses ist für Reis- und Gemüseanbau und für den Fischfang unentbehrlich. Zusammen mit seinen Nebenflüssen ist er zudem der Hauptverkehrsweg in Laos. In unmittelbarer Nähe des Stromes lebt mehr als die Hälfte der Bevölkerung, und die meisten bedeutenden Orte liegen an seinem Lauf. Seit 1994 führt die "Brücke der Freundschaft" über den Fluss und verbindet Laos mit Thailand.

Luang Prabang, die Königsstadt

Die ehemalige königliche Hauptstadt mit ihren kaum 30.000 Einwohnern ist die wohl schönste Stadt des Landes, die reichste an religiöser Architektur und die am besten erhaltene ganz Südostasiens. Reichtümer von Luang Prabang sind nicht nur die Pagoden und die Klöster, auch hunderte von Profanbauten sowie Gebäude aus der Kolonialzeit gehören zu den unschätzbaren architektonischen Kostbarkeiten. Seit 1995 ist die Stadt von der UNESCO als Weltkulturerbe unter Denkmalschutz gestellt, als "ein Beispiel der Harmonie zwischen der natürlichen Umgebung und der Umgebung, die von Menschenhand geschaffen wurde."

In Luang Prabang ist fast alles sehenswert. Etwas ganz Besonderes aber ist das Wat Xieng Thong, ein Tempelgebäude, das aus dem 16. Jahrhundert stammt. Seine Dächer zeigen den besonderen Architekturstil des Nordens: tief heruntergezogen berühren sie fast den Boden. Sehenswert sind auch das Wat May und der ehemalige Königliche Palast von 1906, in dem sich heute das Nationalmuseum, das Museum Ho Kham, befindet.

Die anderen Städte des Landes

Vientiane (oder Viengh Chan) ist die Hauptstadt von Laos. Mit ihren ungefähr 200.000 Einwohnern und den zahlreichen Gebäuden aus dem 19. Jahrhundert spiegelt sie bis heute den starken französischen Einfluss wider.

In Vientiane gibt es noch mehr als 100 aktive Tempelanlagen. Dazu zählt unter anderem der beliebte Pilgerort That Luang, auch "heiliger Berg" genannt. Er ist das Wahrzeichen und religiöse Symbol des Landes; in seinem innersten Schrein wird – so sagt man – eine Reliquie Buddhas aufbewahrt. Das Wat Sisaket, Tempel und Museum zugleich, ist die einzige Pagode, die die Zerstörung der Stadt durch die Siamesen im Jahre 1827 überdauert hat. Schließlich ist auch noch das Wat Ho Pha Keo hervorzuheben, das heutige Museum der nationalen Kunstschätze. Es war ursprünglich dazu ausersehen, den von König Setthathirath 1569 mitgeführten Pha Keo (Jadebuddha) aufzunehmen, der sich seit 1779 im Besitz der Siamesen befindet (im Wat Pha Keo in Bangkok).

Savannakhet, Hauptstadt der gleichnamigen Provinz, ist mit knapp 50.000 Einwohnern die zweitgrößte Stadt des Landes. Sie bildet ein sehr aktives Verkehrs- und Handelszentrum im Süden von Laos, an der Kreuzung der Straßen, die nach Vietnam und Thailand führen. In der südlichsten Provinz Champassak liegt die Hauptstadt Pakse. Sie ist mit beinahe 25.000 Einwohnern die letzte große Stadt im Süden. An ihr führen die Straßen nach Vietnam und Kambodscha vorbei. Gelegen am Zusammenfluss von Mekong und Se Done ist sie Ausgangspunkt für den Weg zu einem der archäologischen Höhepunkte von Laos: Wat Phou, dessen älteste Ruinen aus dem 5./6. Jahrhundert stammen sollen und somit 200 Jahre älter wären als Angkor Wat in Kambodscha, liegt ungefähr 50 km von Pakse entfernt.

Eine lange und wechselvolle Geschichte

Das Volk der Laoten kann sich rühmen, auf seinem Boden Spuren aus prähistorischer Zeit zu besitzen. So hat man beispielsweise in Zentrallaos, in der Region der heutigen Provinz von Xieng Khouang 300 große Steinkrüge entdeckt, die auf einer geheimnisvollen Hochebene verstreut liegen (daher der Name Thong Hay Hin, "die Ebene der Tonkrüge"). Über Sinn und Zweck dieser Steine, die einen Durchmesser von 50 cm bis zu 3 m haben und die bis zu sechs Tonnen wiegen, rätseln die Wissenschaftler noch heute. Vielleicht haben sie einst Begräbnisriten gedient.

Von der alten Geschichte des Volkes Lao weiß man wenig. Das Land, das man heute Laos nennt, befand sich in den ersten Jahrhunderten nach Christi Geburt unter dem Einfluss der Thai und der Khmer, wovon die Ruinen von Wat Phou zeugen, die nahe der Grenze zu Thailand und Kambodscha liegen.

Wie die Thai hatten sich die Lao ursprünglich im Süden von China niedergelassen, in der Provinz Yünnan; im 13. Jahrhundert zogen sie unter dem Druck der Mongolen von dort ab Richtung Süden – die Thai marschierten durch das Tal des Menam und die Lao nahmen das Tal des Mekong. So bildeten sich im 13. Jahrhundert vier Fürstentümer: Luang Prabang, Vientiane, Xieng Khouang, Champassak.

Glanz und Verfall – Einheit und Auflösung

Angesichts dieser Zersplitterung des Territoriums schuf Fa Ngoum, ein Fürst von Luang Prabang, im 14. Jahrhundert den ersten vereinigten Laostaat: das Königreich von Lane Xang Hom Khao oder "Königreich der Million Elefanten und des weißen Schirms". Fa Ngoum hatte am Hof von Angkor gelebt und erhielt daher im Kampf gegen die Feinde aus Siam und Vietnam die Unterstützung seines Schwiegervaters, des Königs der Khmer. Er war es auch, der den Buddhismus in seiner Theravada-Form zur Staatsreligion des Königreiches machte. Nach zahlreichen inneren Unruhen des 15. Jahrhunderts, bedeuteten das 16. und 17. Jahrhundert für Lane Xang eine Zeit des Wohlstandes und der Ausdehnung des Landes. In diese Periode fällt auch die Regierungszeit von König Souligna Vongsa, des am längsten regierenden Königs in der laotischen Geschichte. Nach diesem goldenen Zeitalter eines unabhängigen Laos zerbrach das Königreich im 18. Jahrhundert infolge von Erbfolgestreitigkeiten in drei Teile: Luang Prabang, Vientiane und Champassak. Dies bedeutete eine Schwächung, die den Interessen der Nachbarn diente. Die

Herrscher des Fürstentums Champassak, das sich im Süden abspaltete, wurden Vasallen von Siam und herrschten bis in das 20. Jahrhundert. Das in der Mitte gelegene Königreich Vientiane musste lange die annexionistischen Absichten der Vietnamesen erdulden und sah sich auch mit den Ansprüchen der Siamesen konfrontiert, die ihm ihre Oberhoheit aufzwangen. Im Norden war die Lage nicht besser. Das Königreich Luang Prabang hatte sich zunächst geweigert, Vasall der Vietnamesen zu werden, wurde aber dann eine Zeit lang von den Burmesen besetzt und gebrandschatzt, bis es schließlich unter die Kontrolle der Siamesen geriet.

Im 19. Jahrhundert, immer noch unter dem Druck seiner zwei mächtigen Nachbarn Siam und Vietnam, wurde Laos von zahlreichen ernsthaften Krisen heimgesucht. Siam besetzte das rechte Ufer des Mekong und verstärkte seine Angriffe auf dem linken Ufer: Vientiane wurde geplündert und dem Erdboden gleichgemacht, während Tausende von laotischen Familien nach Siam verschleppt wurden. Das Königreich Vientiane wurde, wie Champassak, ein Teil Siams. Vietnam besetzte Xieng Khouang (vietnamesisch Tranh Ninh) und ließ sich ein Interventionsrecht im Süden von Laos zuerkennen.

Mitte des 19. Jahrhunderts hatte lediglich Luang Prabang noch seine Unabhängigkeit bewahrt, die aber eigentlich nur auf dem Papier bestand und durch Tribute an Vietnam und Siam teuer erkauft werden musste.

Die französische Besatzung

Mitte des 19. Jahrhunderts begann der Wettlauf der Kolonialmächte Frankreich und Großbritannien um den Einfluss auf der indochinesischen Halbinsel. Großbritannien eroberte ganz Burma und stieß bis zu den Grenzen der Shan-Staaten vor, am Rande des oberen Mekong, nahe Laos. Nachdem Vietnam 1883 unter französisches Protektorat gestellt wurde und 1884 Kambodscha das selbe Schicksal ereilte, machte Frankreich die historischen Rechte der Vietnamesen auf Laos geltend und schickte einen Vertreter der französischen Regierung, Auguste Pavie, nach Luang Prabang. Im Vertrag von Bangkok aus dem Jahre 1893 musste Siam auf die Territorien am linken Ufer des Mekong verzichten. Diese Gebiete bildeten das zukünftige französische Einflussgebiet in Laos: Die ehemaligen Teilreiche Vientiane und Champassak erhielten den Status einer Kolonie. Luang Prabang stand unter französischer Oberhoheit; der laotische König war zwar kein souveräner Herrscher mehr, sein Königreich bestand aber formal weiter. In dieser Zeit stellte Laos also kein wirklich eigenständiges politisches Gebilde mehr dar. Nur das Königreich Luang Prabang, die letzte Spur des Reiches Lane Xang, bewahrte noch, wenn auch geschwächt, den Anschein eigener staatlicher Macht. Die Königreiche Vientiane, Xieng Khouang und Champassak gab es nicht mehr.

Am Ende des 19. Jahrhunderts war Laos schließlich wieder – als Protektorat beziehungsweise Kolonie Frankreichs – vereinigt. Aber Frankreich interessierte sich nicht wirklich für Laos selbst. Vielmehr fühlten sich die Franzosen von den Erschließungsmöglichkeiten in Vietnam und, in geringerem Ausmaß, in Kambodscha angezogen; außerdem betrachteten sie Laos als Pufferstaat gegenüber der britischen Krone.

Von der Unabhängigkeit zur Befreiung

Dennoch bemühten sich die französischen Behörden, die Grenzen des Königreichs zu sichern, politische und administrative Fragen zu regeln und die Wirtschaft weiterzuentwickeln. Der "Résident Supérieur", der oberste Statthalter, machte Vientiane zur Verwaltungshauptstadt des Landes, während König Sisavang Vong in Luang Prabang residierte.

1941 wurde Laos, wie fast ganz Südostasien, von den Japanern besetzt. Als Frankreich nach der japanischen Kapitulation versuchte, in Laos wieder Fuß zu fassen, machten die laotischen Politiker Front dagegen. Unter den Anhängern der Unabhängigkeit beherrschten zwei rivalisierende Gruppen die Bühne des Geschehens: Prinz Souphanouvong und seine Bewegung, der Pathet Lao, der von den

Hauptstadt Vientiane

Denkmal des Königs Setthathirath.
Monument du roi Setthathirath.
King Setthathirath monument.

vietnamesischen Kommunisten unterstützt wurde und auf der anderen Seite die Antikommunisten mit Kronprinz Savang, denen die Thailänder zur Seite standen. Zwischen diesen Bewegungen standen die Anhänger des Neutralismus um den Prinzen Souvannaphouma. Verschiedene Regierungen folgten in Vientiane aufeinander, von denen sich jede "Regierung der nationalen Koalition" nannte, während draußen im Lande die Konservativen und die Revolutionäre kämpften. Diese inneren Zwistigkeiten begünstigten ausländische Interventionen. Das Volk von Laos war zu geschwächt, um sich den Schlägen seiner mächtigen Nachbarn zu widersetzen.

1965 nahmen die kriegerischen Auseinandersetzungen in Laos internationale Ausmaße an: Der sozialistische Block, vor allem die Demokratische Republik Vietnam, unterstützte den Pathet Lao, während die Westmächte, besonders die Vereinigten Staaten, der königlichen Regierung beistanden. Laos wurde zu einem der schrecklichsten Kriegsschauplätze in Indochina, bis die "Volksarmee zur Befreiung des laotischen Volkes" 1975 die Macht ergriff. Die Monarchie wurde abgeschafft und das Land zur "Demokratischen Volksrepublik Laos" erklärt.

Heute hat sich das laotische Regime nach Jahren der Abhängigkeit von den Ländern des sozialistischen Blocks schließlich der westlichen Welt geöffnet. Der Zusammenbruch des Ostblocks führte auch in der Wirtschaftspolitik zu einer Liberalisierung. Wenn Laos auch auf politischer Ebene unter dem Einfluss von Vietnam und auf wirtschaftlicher Ebene unter dem Einfluss Thailands bleibt, so erfährt es doch seit Beginn der 90er-Jahre eine für seine moderne Geschichte beispiellose Periode des Aufschwungs und der Stabilität, die erst am Ende des Jahrtausends durch die Asien-Krise einen vorläufigen Einbruch erfuhr.

Die Bevölkerung: Ein ethnisches Mosaik

Mit etwa fünf Millionen Einwohnern gehört Laos zu den am dünnsten besiedelten Ländern des Kontinents. Dabei fällt es wegen der ethnischen Vielfalt schwer, von einem laotischen Volk zu sprechen. Man schätzt die ethnolinguistischen Gruppierungen auf etwa 60, aufgeteilt in drei von ihren Siedlungsgebieten abhängigen Hauptgruppen:

Die Lao Loum (oder "Tiefland-Lao") stellen die Mehrheit der Bevölkerung (ungefähr 50 %). Sie leben in den fruchtbaren Ebenen und in den unteren Tälern des Mekong und seiner Nebenflüsse. Die Lao Loum bilden den Hauptvolksstamm in Laos und gehören zur selben Familie wie die Thai von Thailand und die Shan von Burma. Sie sind sesshaft, buddhistischen Glaubens und sprechen Lao. Charakteristisch für die Lao Loum ist der Anbau von Reis im Nassfeldbau. Sowohl kulturell wie auch wirtschaftlich sind sie die dominierende Gruppe des Landes.

Es gibt noch andere Thai-Stämme, die vom Buddhismus wenig berührt sind und noch immer dem Animismus, dem Glauben an Naturgottheiten, anhängen. Man unterscheidet die Thai Dam oder "schwarze Thai" im Norden, die Thai Khao oder "weiße Thai" in der Gegend von Luang Prabang und die Thai Deng oder "rote Thai" im Osten.

Unter den ethnischen Minoritätsgruppen, die allgemein "Gebirgsbewohner" genannt werden, unterscheidet man die Lao Theung von den Lao Soung:

Die Lao Theung (oder "Lao der Hügel") leben in 500 bis 1.000 Metern Höhe und stammen von den Urbewohnern des Landes ab. Im Laufe der Jahrhunderte wurden sie in die weniger fruchtbaren Zonen und Wälder in der Mitte und im Süden von Laos verdrängt. Einige der Lao Theung-Völker sind in ihrer Kultur vietnamesisch (Moi aus Vietnam) und kambodschanisch beeinflusst. Vetreter dieser Gruppen wurden jahrhundertelang von den herrschenden Lao als *kha*, als Sklaven, bezeichnet. Als Animisten, manchmal polygam lebend, sprechen sie Sprachen, die sich vom Môn-Khmer ableiten. Sie teilen sich in unterschiedlich große Völker und Stämme auf. Zu einer dieser Gruppen gehören auch die Khao Mou im Norden. Die Lao Theung leben vom Sammeln, von der Waldbrandwirtschaft (Mais, Tabak) sowie von Jagd und Viehzucht (Schweine, Geflügel).

Die Lao Soung (oder "Lao der Berge") leben oberhalb von 1.000 Metern Höhe, vor allem im Norden des Landes. Sie sind von chinesisch-tibetanischer Herkunft – daher sprechen sie auch heute noch Sprachen, die dem Chinesischen verwandt sind – und waren ursprünglich Nomaden, die inzwischen sesshaft geworden sind. Ethnologen unterscheiden zwischen den Hmong-Yao und den tibeto-burmanischen Völkern. Auch die Lao Soung sind Animisten und als solche praktizieren sie Geister- und Ahnenkulte sowie bäuerliche Fruchtbarkeits-Riten. Es ist ein zeitlos anmutender Anblick, wenn sie in ihrer traditionellen Tracht am frühen Morgen von den Bergen herabsteigen, um auf den Märkten Gemüse, Brennholz und farbenprächtige Webarbeiten zu verkaufen. Die Hmong und die Yao bauen Mais im Brandrodungsfeldbau und Mohn an. Die Zucht von Schweinen, Rindern und Pferden sowie die Jagd spielen eine wichtige Rolle. Unter ihnen gibt es aber auch gefürchtete Krieger, die an den Kampf im Dschungel gewöhnt sind. Berühmt waren seinerzeit besonders die Hmong oder die Meo. Unter dem Befehl von General Vang Pao kämpften sie für Franzosen und Amerikaner in ihren Kriegen gegen die "Laotische Volksbefreiungsarmee". Viele der Hmong sind nach 1975 ausgewandert, vor allem in die Vereinigten Staaten und nach Französisch-Guyana, wo sie ihre traditionelle Lebensweise teilweise bewahren konnten.

Die genannten laotischen Bevölkerungsgruppen müsste man, vor allem in den Städten, noch um die ausländischen Gemeinschaften ergänzen, wie etwa die Chinesen und die Vietnamesen, deren Einfluss man nicht zuletzt anlässlich des sino-vietnamesischen Neujahrs ganz deutlich spürt.

Eine reiche und mannigfaltige Kultur

Da sich das laotische Volk aus verschiedenen ethnischen Gruppen zusammensetzt, hat sich Laos erst im Laufe von Jahrhunderten als ein wirklich eigenständiges nationales Gebilde konstituiert. Diese Einigung wurde, wie schon erwähnt, von König Fa Ngoum in der Mitte des 14. Jahrhunderts vollzogen.

Geschichtlich haben die Lao Loum auch im kulturellen Bereich eine prägende Rolle gespielt. Daher hat die laotische Nationalkultur als wesentliche Grundlage die Kultur der Thai Lao, die verwandt ist mit den anderen Thai-Volksgruppen auf der indochinesischen Halbinsel. Sie wurde mit Elementen bereichert, die besonders von den Môn-Khmer, den heutigen Lao Theung, herrühren.

Wie andere Länder Südostasiens hat auch Laos wegen seiner geographischen Lage zwischen den beiden großen Brennpunkten der asiatischen Kultur, China und Indien, einen doppelten Einfluss zu spüren bekommen. Aber die indische Kultur prägte das Land stärker. Dieser Einfluss ist durch andere Völker nach Laos gekommen, die schon länger hinduisiert gewesen waren, wie etwa das Volk der Khmer. Daher gibt es eine gemeinsame Grundlage in der Sprache, in der Kultur und im Glauben, welche jene Länder charakterisiert, die den Theravada-Buddhismus (oder auch *Hinayâna* – "Kleines Fahrzeug") angenommen hatten, wie Kambodscha, Thailand und Burma. Außer der Unterweisung in die Vorschriften von Buddha, die in all diesen Ländern etwa dieselbe ist, hat der laotische Buddhismus – so wie er von der großen Mehrheit der Bevölkerung begriffen und ausgeübt wird – Glaubensformen integriert, die noch älter waren. Es handelt sich dabei um einen Buddhismus, der keinen spekulativen oder mystischen Charakter besitzt, einen Buddhismus, der sehr populär ist und eher der Mentalität des Volkes entspricht, dessen Lebensfreude und ständiger Optimismus sich mit der buddhistischen Haltung der Resignation und des Verzichts nur schlecht arrangiert.

Reichtum und Originalität dieser Kultur zeigen sich gleichermaßen in der Sprache sowie in der Literatur und der Architektur.

Sprache

Wenn auch jede Volksgruppe des Landes ihre eigene Sprache besitzt, so ist doch die "offizielle" Sprache das Lao, das zur Familie der Thai-Sprachen gehört, die auf der gesamten indochinesischen Halbinsel gesprochen werden. Lao unterscheidet sich nur wenig vom Thai. Es ist im Wesentlichen auf einzelnen Silben aufgebaut und tondifferenzierend ausgerichtet, in dem Maße, in dem jeder von 6 Tönen den Sinn eines Wortes verändern kann. Wenn man den Ton einer Silbe ändert, macht man daraus ein anderes Wort. Da sich die laotische Sprache mit neuen abstrakten Ausdrücken, besonders aus dem Vokabular der Politik, bereichert hat, tendiert sie heute dazu, vielsilbig zu werden.

Die Schrift der laotischen Sprache ist aus dem Sanskrit und dem Pali, das für die religiösen Texte verwendet wird, hervorgegangen. Sie ist krummlinig, ähnlich der thailändischen Schrift, der burmesischen und dem Khmer; man schreibt sie von links nach rechts und von oben nach unten. Als Fremdsprachen finden sich Französisch und Englisch, wobei Französisch inzwischen immer weniger und Englisch immer mehr Anwendung findet.

Literatur

Die religiöse Literatur umfasst im Wesentlichen kanonische Texte des Buddhismus, darunter die Jataka, welche über Geschehnisse aus den früheren Leben des Buddha berichten. Erste Formen der laotischen Literatur scheinen Gesänge und Beschwörungsformeln gewesen zu sein, die dazu bestimmt waren, das Wohlwollen der übernatürlichen Mächte für sich zu gewinnen. Noch heute werden sie bei gewissen Zeremonien von den Priestern rezitiert. Die alte, klassische Literatur übernimmt viele Themen aus indischen Quellen, besonders aus Epen wie dem Ramayâna. Die weltliche Literatur besteht aus volkstümlichen Texten, die meist anonym und nicht datiert sind: Erzählungen, Legenden und Gedichte, die aus der mündlichen Tradition hervorgegangen sind.

In der zeitgenössischen Literatur findet man eine große Anzahl von Liebesromanen, in denen sich mythologische und phantastische Elemente mischen. Neuerdings gibt es auch Werke, die gekennzeichnet sind von den ideologischen Weltanschauungen ihrer Autoren. Hier muss man auch jene Literaturströmung erwähnen, die vor allem seit 1975 entstanden ist: die Literatur des revolutionären Kampfes, der politischen und sozialen Erziehung, mit ihren sozialistischen und internationalistischen Inhalten.

Architektur

Laos besitzt vielleicht keine ganz so eindrucksvollen architektonischen Komplexe wie die Tempel von Angkor in Kambodscha oder die Tempel von Pagan in Burma. Aber einige laotische Städte, wie die ehemalige Königsstadt Luang Prabang, sind dennoch berühmt für die Schönheit ihrer Bauwerke.

Vientiane
Wat Inpeng

Der meditierende Buddha ist das zentrale Motiv der Eingangsfront des Tempels.
Bouddha en méditation. Thème central à l'entrée de la pagode.
The meditating Buddha is the central motif at the entrance to the temple.

Die Architektur des alten Laos ist religiös inspiriert und hat eine religiöse Bestimmung. Man unterscheidet zwei Bautypen: den Tempel (Wat) und den Reliquien-Schrein (That).

Die Wat von Luang Prabang haben ein Dach mit mehreren Abstufungen, das fast bis zum Boden hinunter reicht und so Schutz vor Regen und Kälte gewährt. Das Innere besteht aus drei Schiffen, die durch eindrucksvolle Säulen voneinander getrennt werden. In Vientiane ist dieser Gebäudetypus höher und besteht aus nur einem Schiff. Der Zugang erfolgt über eine mit Schlangen (*naga*) geschmückte Steintreppe.

In allen Tempeln thront in der Mitte eine große Buddhastatue, umgeben von anderen, kleineren Darstellungen des Meisters. An den Wänden erzählen Fresken Episoden aus dem Ramayâna oder aus früheren Leben des Buddha.

Die That sind Reliquiare in Form von Pyramiden mit mehreren Ebenen. Sie ähneln den indischen Stupas. Die Gebäude sind massiv – man kann sie also nicht betreten – und werden von einer Turmspitze überragt. Sie enthalten Reliquien des Buddha oder heiliger Bonzen, angesehener Priester. Am bemerkenswertesten ist der That Luang von Vientiane. Er wurde im 16. Jahrhundert errichtet und auch er bewahrt, entsprechend der Tradition, Reliquien des Buddha.

Glauben, Feste und Riten

Obwohl der Buddhismus die Hauptreligion des Landes ist, so hat doch ein ansehnlicher Teil der Bevölkerung – die Stämme im Gebirge – diesen Glauben nicht angenommen, sondern Riten beibehalten, die zum Animismus gehören. Außerdem glauben auch diejenigen, die sich Buddhisten nennen, weiterhin an Gottheiten, die schon vor der Geburt des Buddha verehrt wurden. Schließlich ist auch zu berücksichtigen, dass das sozialistische Regime sich nur mäßig engagierte, um die buddhistische religiöse Erziehung der Bevölkerung zu fördern und die verschiedenen Glaubensformen zu vereinigen.

Der Buddhismus ist in Laos allgegenwärtig: Hunderte von Klöstern und Tempeln sind über das ganze Land verstreut, um sie herum organisiert sich das Leben der Bewohner. Tausende von Mönchen in ihren safrangelben Gewändern ziehen jeden Morgen auf Feldwegen und Straßen dahin, um sich ihre Nahrung zu erbitten. Es spricht also alles dafür: Laos ist ein buddhistisches Land. Der Buddhismus wird von der Mehrheit der Bevölkerung praktiziert. Er war Staatsreligion bis 1975 und bestimmt auch heute noch die Kultur und das tägliche Leben.

Bereits seit Jahrhunderten glauben die Laoten an Buddha. Es gibt allerdings keine schriftliche Erwähnung des Buddhismus vor Mitte des 14. Jahrhunderts. Denn erst zu dieser Zeit beginnt man Annalen abzufassen. Im Norden von Vientiane stehen in den Fels gehauene Buddhastatuen, die aus dem 12. Jahrhundert stammen. Man darf also annehmen, dass der Buddhismus schon vor der Ankunft des Königs Fa Ngoum in Laos bekannt war. Unter seiner Regierung und auf seine Einladung hin aber kam im 14. Jahrhundert die wichtigste buddhistische Mission aus dem Reich der Khmer, die sich in Luang Prabang niederließ. Sie führte neben religiösen Texten auch eine vergoldete Buddha-Statue mit sich, den Pha Bang. Seit ihrer Ankunft in Laos ist diese Figur Symbol des Landes und Nationaleigentum. Und auf diese Weise wurde Buddha der Beschützer des Königreichs.

Wie die anderen hinduisierten Staaten Südostasiens – Kambodscha, Thailand und Burma – folgt auch das buddhistische Laos den "Lehren der Alten", dem Theravada, dem ursprünglichen Buddhismus, den man auch Hinayâna oder "Kleines Fahrzeug" nennt. Er unterscheidet sich von einer späteren Form des Buddhismus – Mahayâna oder "Großes Fahrzeug" genannt, der dem chinesischen Kulturkreis angehört und somit auch in Vietnam praktiziert wird.

Eine Vielzahl von Buddha-Statuen findet der Besucher in den unzähligen Tempeln und Klosteranlagen, aber auch in Höhlen, beispielsweise Pak Ou in der Provinz Luang Prabang oder Pou Kham in der Provinz Vientiane.

Gautama Buddha wird in den verschiedenartigsten Darstellungen und Haltungen, den *mudras*, mit Gesten gezeigt, die an die vier wichtigsten Momente im Leben des Glückseligen erinnern:
– bei der "Meditationsgeste" sind die Hände im Schoß übereinandergelegt, die Handflächen zum Himmel gewandt und die rechte Hand immer oben;
– bei der "Erdberührungsgeste" sitzt der Buddha, mit der rechten Hand den Boden streifend, um die Erde als Zeugin seiner Worte anzurufen;
– auch bei der Geste des "Lehren des Wortes" sitzt der Buddha, die Finger in Bewegung auf der Höhe der Brust, wobei mit der rechten Hand ein Rad geformt wird, das die Linke symbolisch anstößt, was bedeutet: Buddha hat das Rad des Gesetzes in Bewegung gesetzt;
– und bei der Geste "Abwesenheit von Furcht" steht der Beschützer, die erhobenen Handflächen nach vorne gedreht.
Daneben findet man auch "schreitende" Buddhas oder solche, die auf der Seite liegen – im Nirvana.

In Laos gibt der Buddhismus der Zeit ihren Rhythmus, vor allem auf dem Land. Er prägt das Leben des Volkes, das der Mönche und das der Laien. Die große Mehrheit der Gläubigen sind Laien, die im aktiven Leben tätig sind, aber mit dem Leben der Klöster verbunden bleiben. Sie geben den Mönchen Essen und Kleidung als Almosen, verehren die Reliquien und Statuen des Buddha und nehmen an den religiösen Festen teil.

Zahlreiche laotische Männer ziehen sich im Laufe ihres Lebens einige Wochen als Mönch in die Klöster zurück und lassen sich traditionsgemäß Haare und Augenbrauen rasieren. Der Mönch oder Bonze wird in Laos sehr verehrt und seine Stellung in der Gesellschaft ist praktisch unantastbar. Alle verbeugen sich vor ihm und nur wenige wagen es, ihn zu kritisieren oder an seinem Glauben zu zweifeln. Bis 1975 waren es die Mönche, die mit ihren Klosterschulen für die Erziehung und Bildung der Kinder in den ländlichen Gebieten zuständig gewesen sind. Dann wurden sie, wie auch der Rest der Bevölkerung, von den neuen Regierungsbehörden aufgefordert, das Land zu bebauen – was allerdings gegen die Regel der Mönche verstieß, die jede produktive Aktivität untersagte.

Heute scheint der Buddhismus als wichtiges Element der laotischen Identität zu neuem Leben erwacht zu sein. Während des ganzen Jahres gibt es eine lange Folge von Festen (*boun*) und Feierlichkeiten, die sich um Ereignisse im Leben des Buddha ranken. Beim Vollmond des Monats Mai begeht man feierlich gleichzeitig seine Geburt, seine Erleuchtung und das Nirvana (Fest von Visaka Bousha).

Zu Beginn der Regenzeit markiert das Fest von Khao Phansa den Eintritt der Mönche in eine Periode der Meditation und der Exerzitien. Bei dieser Gelegenheit erneuern die Gläubigen die Kleidung der Bonzen. Dies ist auch die Zeit der Ordinationen, der Weihen der jungen Mönche. Nach drei Monaten feiert man das Ende der buddhistischen Fastenzeit (Boun ok Phansa): Alle religiösen Gebäude im ganzen Land werden angestrahlt und kleine Flöße, die mit Opfergaben beladen und von einer Kerze erleuchtet sind, werden zu Wasser gelassen.

Zu den volkstümlichen Festen gehört das Pi Mei, das sich über drei bis fünf Tage hinzieht. Der buddhistische Kalender ist zur Hälfte am Sonnenjahr, zur Hälfte am Mondjahr orientiert und beginnt um den 15. April. Pi Mei wird auch "Fest des fünften Monats" genannt und fällt mit dem ersten Regen zusammen. Die Mädchen machen sich schön, um sich in die Pagode zu begeben, die Männer schminken ihr Gesicht mit lebhaften Farben. Auf den Straßen vergnügen sich die Leute, zu Fuß, auf dem Motorrad oder im Auto, indem sie sich gegenseitig mit Wasser aus Fahrradpumpen oder Eimern bespritzen. Viel ehrfürchtiger macht man sich währenddessen andernorts daran, die Buddhastatuen auf den Terrassen der heiligen Stätten zu waschen.

Im Oktober oder im November bietet sich noch eine weitere Gelegenheit zur Freude: das "Fest der Gewässer", Boun Nam genannt, welches das Ende der Regenzeit bezeichnet. Neben anderen Veranstaltungen ist dieses Fest Anlass für eindrucksvolle Wettfahrten der Pirogen auf dem Mekong, während sich an den Ufern Tausende von Laotinnen und Laoten jeden Alters drängen, um diesem Schauspiel beizuwohnen.

Unter den vielen anderen religiösen Festen ist vor allem der Tag interessant, an dem u.a. die Inkarnationen (Boun Pha Vet) und Predigten (Makha Bousha) des Buddha gefeiert werden. Und während des Novembervollmondes in Vientiane sollte man auf keinen Fall das Fest des Wat That Luang verpassen, zu dem sich Hunderte von Mönchen und Nonnen versammeln, die aus dem ganzen Land kommen. Die Gläubigen ehren sie auf ihre Weise – indem sie ihnen Blumengirlanden, Zigaretten und Geld überreichen.

In Laos darf man nicht nach einer authentischen und reinen Form des Buddhismus suchen wie zum Beispiel in Sri Lanka. Die Laoten sind wohl zweifellos Buddhisten, aber als solche durchaus tolerant und auch empfänglich für andere Formen religiösen Glaubens. Wie in anderen Ländern glauben die Laoten an die Existenz von verschiedenen Geistern und Genien, die sie Phi nennen und die vergleichbar sind mit den Nat der Burmesen und den Neak ta der Khmer. Diese Geister wohnen in Bäumen, Tieren, Wohnungen und auf Hügeln. Sie können gutartig oder bösartig sein. In jedem Fall empfiehlt es sich, sie zu verehren und ihnen zum Beispiel Nahrung als Opfergabe darzubringen, die man auf kleinen Altären niederlegt. Um die Gunst des Geistes der Straßen für sich zu gewinnen, opfert man einen Hahn oder für eine gute Ernte einen Büffel. Und um die bösen Geister der Gewässer in die Flucht zu schlagen, lassen sich die Bootsleute der Pirogen einen blauen Rhombus auf den linken Knöchel tätowieren. Das Abschießen von Knallkörpern kann außerdem dazu beitragen, die bösartigen Geister zu vertreiben.

Zu den animistischen Bräuchen gehört auch der Baci, eine Zeremonie, die jedes mehr oder weniger wichtige Ereignis im Leben kennzeichnet, sei es die Geburt, die Hochzeit, einen Abschied oder auch die Rückkehr von einer Reise. Im Laufe dieser Zeremonie ruft man Geister und Gottheiten an, die man, durch das Anbringen von glückbringenden Baumwollfäden an die Handgelenke, bei sich behalten will. Und auch die guten Geister, von denen man erwartet, dass sie über das Wohl der Bevölkerung wachen, werden – vor allem auf dem Lande – regelmäßig gefeiert, besonders vor Beginn der Regenzeit im Hinblick auf die nächsten Ernten.

Wie jedes einzelne Dorf, so wird natürlich auch das ganze Land unter den Schutz der Geister gestellt. Die wichtigsten dieser Geister sind vom Buddhismus übernommen und angeglichen worden. So bestehen die sehr alten animistischen Bräuche völlig konfliktlos neben denen des Buddhismus. Diesen vorbuddhistischen Kulten wird weiterhin die leidenschaftliche Zuneigung des Volkes zuteil, umso mehr als die Philosophie des Buddhismus für einen großen Teil der Bevölkerung nur schwer verständlich ist. Die Menschen behalten von der Lehre des Buddha nur einige grundlegende Prinzipien: moralische Forderungen, Belohnung oder Bestrafung des Handelns, die Verpflichtung, den Bonzen Nahrung zu geben und ihnen Hochachtung zu bekunden. Der Geisterkult dagegen ist mit der Erde verbunden und betrifft die ländliche Bevölkerung ganz unmittelbar. Animismus und Buddhismus werden so in einer komplementären Beziehung ausgeübt. Durch diesen Kult suchen die Laoten den Wohlstand in dieser Welt, während die Lehre des Buddha ihnen den Weg zum Heil im Jenseits weist.

Lebensweise und Lebensfreude

Die geographische Lage ist nicht sehr günstig: Laos ist umgeben von Ländern, die dichter besiedelt, meist leistungsfähiger und besser entwickelt sind. Auch hat das Land in der Vergangenheit so manchen Bruderkrieg und zahlreiche ausländische Interventionen erleben müssen. Und doch haben seine Bewohner keine tragische Auffassung vom Leben. Im Gegenteil, sie sind unbekümmert, Genießer mit recht ungezwungenen Sitten, die es verstehen, das Leben von der guten Seite zu nehmen. Warum arbeiten und mehr produzieren als das Lebensminimum erfordert? *Bo pen niang* – "Das macht nichts, das ist nicht ernst" – das sind Worte, die man bei jeder Gelegenheit hören kann. Dieses Volk, das so viele ausländische Einflüsse erlitten hat, das im Laufe der Zeit so viele "Besucher" hatte, hat sich dennoch einen Sinn für Liebenswürdigkeit und Gastfreundschaft bewahrt. *Sa ba di*, so grüßen die Laoten jeden, der sie anspricht: "Guten Tag, Willkommen". Und sie lächeln dazu. Und dieses Lächeln ist sicher Ausdruck eines geistigen Zustandes – vielleicht auch ein Schutz gegen Übergriffe der Anderen.

Wenn der laotische Buddhist etwas Gutes tut, so kann er sich dadurch Verdienste erwerben – *boun*. Nun bedeutet dieses Wort auch "Fest". Deshalb: Warum nicht hier und heute das Fest feiern, und die Verdienste dann später und anderswo erwerben?

Denn die Laoten lieben es zu feiern. Bei zahlreichen – religiösen oder profanen – Gelegenheiten kommen sie gerne in bester Stimmung zusammen. Sie vergessen auf diese Weise für einige Augenblicke die Sorgen des täglichen Lebens. Die Stimmung auf einem *boun* ähnelt einer Kirmes oder dem Karneval. Man singt, man spielt *khen*, man tanzt den Lam Vong.

Wie man auch sozial oder wirtschaftlich situiert ist, in Laos haben die Menschen es verstanden, mit ihren uralten Traditionen, ihren Liedern, Tänzen und Spielen die Liebe zum Leben und zum heimatlichen Boden zu bewahren. Und es ist gelungen, das Wesentliche der eigenen Persönlichkeit trotz zunehmender "Globalisierung" zu erhalten.

Die lange französische Präsenz und der amerikanische Einfluss haben mit Sicherheit Spuren in der Mentalität der Laoten hinterlassen. Aber dieses Interesse für abendländische Werte scheint sich auf die wohlhabenden Klassen der städtischen Zentren, im Wesentlichen Vientiane und Luang Prabang, beschränkt zu haben. Auf dem Land verläuft das Leben beinahe noch wie in einer weit zurückliegenden Vergangenheit.

Aber wie lange noch? Die Versuchung ist groß: Die Konsumgesellschaft, so wie sie sich auf der anderen Seite des Mekong zeigt, könnte irgendwann die Laoten veranlassen, ihr Verhalten zu ändern und eine andere Lebensphilosophie zu übernehmen. Und Laos wäre dann nicht mehr diese Enklave kontemplativer Lebenskunst, die den Besucher unweigerlich in ihren Bann zieht.

Es ist höchste Zeit, das Land der Laoten kennenzulernen und sich berauschen zu lassen von einer Lebensweise und einer Daseinsfreude, die vielleicht schon im Aussterben begriffen ist.

Vientiane
Wat Haysok

Das Motiv der Naga (Schlange) trifft man in fast jedem Tempel an.
Le naga, motif souvent représenté dans les pagodes.
The motif, naga (snake), is found in almost every temple.

Rencontre Laos

UNE INVITATION AU VOYAGE DE JOSEPH R. POUVATCHY

Au Laos, un pays où "les soleils mouillés de ces ciels brouillés ... ont des charmes si mystérieux" (Baudelaire) tout n'est que beauté, sérénité, volupté. Dans les paysages comme dans les attitudes.

Savoir vivre au jour le jour, s'approprier les rites et les traditions, partager le silence des monastères et les fêtes de villages, déguster le riz gluant et les bananes grillées, s'enivrer des mille et une odeurs exotiques: le pays des Lao se mérite.

Le Laos s'ouvre au monde, mais ne se livre pas aveuglément à un tourisme débridé – comme parfois ailleurs dans cette région. Ce qui fait son charme, son attrait.

Ancien "Royaume du Million d'Eléphants et du Parasol blanc" (Lane Xang Hom Khao), le Laos est un pays féerique, avec ses immenses forêts, ses montagnes que recouvre la jungle, ses cours d'eau tantôt déchaînés, tantôt apaisés et apaisants. Un pays que le cours de l'Histoire semble avoir oublié, tant est partout présente l'ancienne civilisation, encore incroyablement bien conservée, malgré les intrusions étrangères et les guerres meurtrières.

Vientiane
Wat Xieng Khuan

Gesicht des liegenden Buddha.
Visage de Bouddha allongé.
Face of the lying Buddha.

A la découverte du pays

D'une superficie de 236 800 km² (environ celle de la Grande-Bretagne), le Laos s'étend du Nord au Sud sur plus de 1000 km et sur 200 à 400 km d'Ouest en Est. Pays le moins peuplé d'Asie, il compte moins de 5 millions d'habitants (soit la moitié de la population de la seule ville de Bangkok). La population de la Thaïlande représente 12 fois et celle du Vietnam 16 fois la population du Laos. Ici la densité démographique varie entre seulement 10 à 20 habitants au kilomètre carré.

Comme d'autres pays de la région, le Laos est soumis au régime des moussons, avec alternance d'une saison des pluies, de mai à octobre, période des hautes eaux fluviales et d'une saison sèche à partir d'octobre, avec des températures assez fraîches et même froides en altitude. De mars à mai sévissent les grosses chaleurs.

Géographiquement, le Laos est constitué d'abord par la vallée du Mékong où des plaines se succèdent depuis la région de Vientiane jusqu'à la frontière cambodgienne; ensuite par un vaste arrière-pays de plateaux et de montagnes, pour la plupart couverts de forêts et de jungles. Comparé aux pays voisins, le Laos possède encore une végétation relativement bien préservée.

La plus grande partie du territoire est couverte par la forêt tropicale. De nombreuses essences y poussent: le teck, le palissandre. On trouve aussi des palmiers, des cocotiers, des bambous, des kapokiers. La cueillette offre de nombreux produits très recherchés: cardamome, épices, benjoin, tant pour la cuisine que pour la pharmacopée locales.

La coupe du bois, objet d'une importante contrebande, a été interdite récemment face au danger de déforestation. En dehors de la forêt, le paysage lao comporte de belles rizières, verdoyantes durant la saison des pluies. Le riz humide en plaine, sec en montagne, est semé au printemps pour être récolté en automne. Il est à la base de l'alimentation des Laotiens.

Compte tenu de la faible densité de population et d'un réseau de communication relativement peu développé, le Laos reste un des pays d'Asie possédant encore une faune abondante et variée. On y trouve aussi bien des éléphants sauvages, des léopards, des ours noirs que plusieurs espèces de singes, des sangliers, etc. ...

La flore et la faune ont beaucoup souffert de la guerre, surtout dans les années 60 – 70 et aussi, dans une certaine mesure, de la culture sur brûlis qui consiste à cultiver du riz de montagne sur des surfaces nettoyées de leur végétation par le feu. La chasse, non encore réglementée, fait aussi des ravages. Flore et faune restent néanmoins très riches.

Enclavé entre la Chine, le Vietnam, le Cambodge, la Thaïlande et le Myanmar (Birmanie), le Laos est le seul Etat du Sud Est Asiatique sans accès direct à la mer.

République démocratique et populaire depuis 1975, avec pour capitale la ville de Vientiane, le pays s'ouvre, depuis 1986, à l'économie de marché. Le commerce ainsi que le secteur des services sont en plein essor.

La population, agricole à 80 %, produit des cultures maraîchères, du café, du bois, du riz, du pavot (d'où est extrait l'opium).

L'industrie est à peu près inexistante. Le sous-sol riche en charbon, fer, cuivre, or reste encore peu exploité. La grande richesse naturelle vraiment exploitée est représentée par l'énergie hydroélectrique que fournissent le Mékong et ses affluents, avec en particulier le barrage sur la Nam Ngum, au Nord de Vientiane, le plus grand de toute l'Asie du Sud Est.

L'essentiel de l'activité économique du Laos se concentre à proximité des frontières, en particulier pour les échanges avec la Chine, le Vietnam et la Thaïlande. Avec un revenu annuel moyen d'environ 300 dollars par habitant, le Laos reste encore un des pays les plus pauvres du monde.

Depuis peu, le Laos a été admis dans l'ASEAN, l'Association des Nations du Sud Est Asiatique qui regroupe, entre autres pays, le Vietnam, le Cambodge, la Thaïlande, etc. ...

Un fleuve, des villes

Puissante et merveilleuse force d'unification, le Mékong, "Mère des eaux", est en fait la mer du Laos. D'une longueur totale de plus de 4000 km, prenant sa source en Chine pour se jeter au Sud du Vietnam, il baigne le Laos sur plus de 1500 km, servant de frontière avec la Birmanie et avec la Thaïlande. Essentiel pour la riziculture, les cultures maraîchères et la pêche, le Mékong est également, avec ses affluents, la principale voie de communication au Laos. Aux abords du fleuve se concentre plus de la moitié de la population et les localités importantes, à quelques exceptions près, se situent toutes sur son cours. Depuis 1994 un pont dit "de l'amitié", enjambe le fleuve et relie le Laos à la Thaïlande.

Luang Prabang

Comptant à peine 30 000 habitants, l'ancienne capitale royale est certainement la plus belle ville du pays, la plus riche en édifices religieux et, de toutes les villes de l'Asie du Sud Est, la mieux conservée. Les richesses de Luang Prabang, ce ne sont pas seulement les pagodes et les monastères, ce sont aussi les centaines de maisons traditionnelles, ainsi que des bâtiments de la période coloniale.

Luang Prabang est classée depuis 1995 "patrimoine mondial" par l'UNESCO qui décrit cette ville comme "un exemple de l'harmonie entre les environnements bâtis et naturels".

A Luang Prabang, tout est à voir, mais surtout: le Wat Xieng Thong, la plus ancienne pagode (datant du XVIème siècle), aux toits qui descendent presque jusqu'au sol. Le Wat Siphoutthabat ou "monastère de la merveilleuse empreinte du pied de Bouddha" et le Palais Royal, construit au XXème siècle, transformé en musée national.

Les autres villes des pays

Vientiane (Vieng Chan), la capitale administrative du Laos, avec ses quelques 200 000 habitants, où la plupart des constructions datent du XIXème siècle, a gardé les traces de la période française. Elle rassemble plus de 40 édifices religieux, dont le That Luong ou "montagne sacrée", lieu de pèlerinage car supposé renfermer un cheveu de Bouddha. Le Wat Sisakhet, seule pagode ayant survécu à la destruction de la ville en 1827. Le Wat Phrakeo dont le Bouddha en émeraude est resté à Bangkok. Parmi les autres villes: la seconde par sa population (environ 40 000 habitants), Savannakhet, est un centre très actif du Sud du Laos, un port fluvial au carrefour des routes menant à la Thaïlande et au Vietnam. Paksé, la dernière grande ville du Sud, avec près de 25 000 habitants, se situe sur les routes qui conduisent au Vietnam et au Cambodge. A voir, à environ 50 km de Paksé, le site de Wat Phou, dont les vestiges dateraient de la fin du Xème siècle.

Une longue et tumultueuse histoire

Le peuple lao peut se vanter de posséder sur son sol des vestiges de l'époque préhistorique. On a découvert en effet dans le Haut-Laos, la région de l'actuelle province de Xieng Khouang, des mégalithes en forme de jarres (d'où le nom de Plaine des Jarres). Ces pierres de 50 cm à 3 m de diamètre, pesant chacune environ une tonne, avaient probablement servi à des rites funéraires.

En fait, on sait peu de choses de l'Histoire ancienne du peuple lao. Le pays, qu'on appelle aujourd'hui le Laos, se trouvait, dans les premiers siècles après Jésus-Christ, sous influence thaïe et khmère, comme l'indiquent les vestiges du Wat Phou, près de Paksé, dans le sud du pays, près de la frontière de la Thaïlande et du Cambodge. Comme les Thaï, les Lao étaient à l'origine implantés dans le sud de la Chine, au Yunnan, qu'ils quittèrent au XIIIème siècle sous la pression des Mongols. Ils se dirigèrent vers le Sud, les Thaï empruntant la vallée du Ménam et les Lao celle du Mékong, régions qui dépendaient alors de l'Empire khmer. C'est ainsi que se constituèrent au XIIIème siècle quatre principautés: Luang Prabang, Vientiane, Tranninh et Champassak.

De l'unification au démembrement

Face à ce morcellement du territoire, un prince de Luang Prabang, Fa Ngoum, réalisa au XIVème siècle le premier Etat lao unifié et créa le royaume de Lan Xang ou royaume du "Million d'Eléphants et du Parasol blanc". Pour avoir vécu à la cour d'Angkor, Fa Ngoum avait reçu l'appui de son beau père, le roi khmer, dans sa lutte contre les adversaires siamois et vietnamiens. C'est lui qui fit du Bouddhisme la religion du royaume.

Si le XVème siècle fut marqué par de nombreux troubles intérieurs, les XVI et XVIIèmes siècles virent l'apogée du Lan Xang qui connut une ère de prospérité et d'expansion. De cette période émerge le roi Souligna Vongsa, qui donna au pays le plus long règne de l'Histoire lao. Ce fut l'âge d'or d'un Laos indépendant. Le royaume va ensuite se désagréger. En effet, au XVIIIème siècle, des querelles de succession éclatèrent et l'unité vola en éclats, donnant naissance à trois entités: Luang Prabang, Vientiane et Champassak, d'où un affaiblissement qui fit le jeu des voisins.

Tandis que le Sud du pays se détachait pour former la principauté de Champassak, dont les monarques, vassaux du Siam, régnèrent jusqu'au XXème siècle, le royaume de Vientiane, au centre, qui dut longtemps subir les visées annexionnistes des Vietnamiens, se trouva confronté également aux prétentions des Siamois qui imposèrent leur suzeraineté. La situation n'était pas meilleure dans le royaume de Luang Prabang, au Nord, qui, après avoir refusé d'être vassal des Vietnamiens, fut occupé un temps par les Birmans, avant de passer sous le contrôle des Siamois.

Au XIXème siècle, toujours sous la pression de ses deux puissants voisins, le Laos connut des crises de plus en plus nombreuses et de plus en plus graves. Le Siam, qui occupait la rive droite du Mékong, multipliait ses agressions sur la rive gauche: Vientiane fut pillée et incendiée, tandis que des milliers de familles lao furent déportées. Quant au Vietnam, il occupa le Tranninh et se fit reconnaître un droit d'intervention dans le sud du Laos.

Finalement, vers le milieu du XIXème siècle, les deux principaux royaumes lao – celui de Vientiane et celui de Luang Prabang – se trouvaient vassaux à la fois du Siam et du Vietnam.

L'intervention française

Or c'est l'époque où les Européens commencent à s'implanter dans la péninsule indochinoise. La Grande-Bretagne, ayant conquis la totalité de la Birmanie, pousse son avantage jusqu'aux confins des

Etats shan, en bordure du Haut-Mékong, près du Laos. La France, après s'être installée au Vietnam, et faisant valoir sur le Laos les droits historiques des Vietnamiens, place à Luang Prabang un représentant de l'autorité française en la personne d'Auguste Pavie.

En 1893, par le traité de Bangkok, le Siam renonce aux territoires de la rive gauche du Mékong qui vont constituer ce qui sera le Protectorat français au Laos.

En 1893, le Laos ne représente pas une véritable entité politique. Seul le royaume de Luang Prabang, dernier vestige de l'Empire du Lan Xang, conserve encore, bien qu'affaibli, l'apparence d'un Etat. Les royaumes de Vientiane, de Xieng Khouang et de Bassac ont disparu, mais ce qui avait été leur territoire est à présent libéré de la tutelle du Siam et du Vietnam. Des gouverneurs, sans liaison entre eux, continuent à y exercer une certaine autorité.

A la fin du XIXème siècle, le Laos se trouve unifié sous protectorat français.

En fait, il apparaît très tôt que la France ne s'intéresse pas réellement au Laos. Plus attirés par les possibilités d'exploitation au Vietnam et, à un moindre degré, au Cambodge, les Français ne considèrent le Laos que comme un état-tampon face à l'influence britannique.

Provinz Champassak

Gemüseanbau am Mekongufer.
Cultures maraîchères sur les rives du Mékong.
Vegetable gardening on the banks of the Mekong.

De l'indépendance à la libération

Durant les premières années du XXème siècle, les Français s'installent au Laos. Ils s'efforcent de consolider les frontières du royaume, de régler les questions politiques et administratives, de développer l'économie. Le Résident Supérieur fait de Vientiane la capitale administrative du Laos, tandis que le roi Sisavang Vong réside à Luang Prabang. A partir de 1941, le Laos, comme la presque totalité de l'Asie du Sud Est, est occupé par les Japonais, qui favorisent l'éveil des nationalismes asiatiques.

Quand, après la capitulation japonaise, la France tente de reprendre pied au Laos, la classe politique laotienne ne s'y résigne pas. Parmi les partisans de l'indépendance, deux tendances politiques rivales occupent le devant de la scène: le prince Souphanouvong et son mouvement, le Pathet Lao, soutenus par les communistes vietnamiens. Du côté des anti-communistes, appuyés par les Thaïlandais: le prince héritier Savang. Entre ces deux mouvements: les partisans du neutralisme, autour du prince Souvannaphouma. Ainsi, différents gouvernements dits de coalition nationale vont se succéder à Vientiane, tandis que, sur le terrain, les forces conservatrices et révolutionnaires s'affrontent. Ces dissensions internes favorisent les interventions étrangères et le peuple lao, trop faible, subit les coups que lui portent ses puissants voisins.

La guerre au Laos devient internationale à partir de 1965: le bloc socialiste, surtout la République Démocratique du Vietnam, aide le Pathet Lao, tandis que les Occidentaux, particulièrement les Etats-Unis, soutiennent le gouvernement royal. Le Laos devient un des terrains d'opérations les plus féroces de la guerre en Indochine, qui se termine en 1975. "L'Armée populaire de libération du peuple lao" prend le pouvoir. La monarchie est abolie et laisse la place à la République Démocratique et Populaire du Laos.

Après des années de dépendance vis-à-vis des pays du bloc socialiste, le régime laotien s'est assoupli et s'ouvre au monde extérieur, y compris au monde occidental. Tout en restant sous l'influence du Vietnam sur le plan politique et de la Thaïlande sur le plan économique, le Laos connaît maintenant depuis les années 90 une période de prospérité et de stabilité sans précédent dans son histoire moderne.

Population: la mosaïque des ethnies

Bien que peu nombreuse, la population laotienne est très diversifiée. On évalue à une soixantaine les entités ethnolinguistiques, généralement réparties en trois groupes principaux, en fonction de leurs lieux d'habitation.

Les Lao Loum: majoritaires, représentant environ la moitié de la population, ils se trouvent dans les riches plaines et les basses vallées du Mékong et de ses confluents. Ils constituent l'ethnie lao proprement dite et appartiennent à la même famille que les Thaï de Thaïlande et les Shan de Birmanie. Sédentaires, bouddhistes, ils parlent le lao. Producteurs de riz dit riz des plaines, ils forment au Laos le groupe, économiquement et culturellement, dominant. Parmi les autres tribus thaï – non touchées par le Bouddhisme –, on distingue les Thaï Dam ou Thaï noirs, dans le Nord; les Thaï Khao ou Thaï blancs, dans la région de Luang Prabang; les Thaï Deng ou Thaï rouges, dans l'Est.

Parmi les ethnies dites minoritaires et communément appelées "montagnards", on distingue les Lao Theung des Lao Sung.

Les Lao Theung ou "Lao des collines" vivent entre 500 et 1000 mètres d 'altitude et ils comptent parmi les plus anciens habitants du pays. Ils furent au cours des siècles repoussés vers les zones les moins fertiles et les forêts, au centre et au sud du Laos. Apparentés aux Moï du Vietnam et autres "montagnards" du Cambodge, ils sont souvent appelés *kha* c'est à dire: sauvages, esclaves, car longtemps ils furent employés comme main d'œuvre par l'ethnie dominante. Animistes, parfois polygames, ils parlent des langues d'origine môn-khmère. Ils se divisent en plusieurs sous-groupes plus ou moins importants, parmi lesquels les Khao Mou, dans le Nord. Ils vivent de la cueillette, de la culture sur brûlis (maïs, tabac), de la chasse et de l'élevage (porcs, volailles).

Les Lao Sung ou "Lao des montagnes": ils se trouvent au dessus de 1000 mètres d'altitude, surtout dans le nord du pays. D'origine sino-tibétaine, traditionnellement nomades, aujourd'hui sédentarisés, parlant des langues apparentées au chinois, ils sont animistes et, à ce titre, pratiquent le culte des esprits et celui des défunts, ainsi que certains rites agraires. On peut les voir en costume traditionnel, tôt le matin, descendre de leurs montagnes pour vendre sur les marchés, légumes, bois de chauffage, tissus. Ils cultivent le riz et le pavot, élèvent des porcs et pratiquent la chasse. Ce sont de redoutables guerriers habitués aux combats de jungle. Parmi eux, les Hmong ou Meo qui ont fait parler d'eux, quand ils assistaient, sous le commandement du général Vang Pao, Français et Américains dans leurs guerres contre les révolutionnaires laotiens.

Beaucoup de ces Hmong ont émigré après 1975, principalement aux Etats-Unis, mais aussi en Guyane française où ils ont pu recréer leur mode de vie traditionnel.

A cette population proprement lao, il faudrait ajouter des communautés étrangères, surtout dans les villes, comme les Chinois et les Vietnamiens, dont la présence et les activités se font sentir lors du Nouvel An sino-vietnamien, quand une grande partie de leurs commerces reste fermée.

Une culture riche et variée

Le peuple lao est composé d'éléments ethniques différents et c'est au cours des siècles qu'il s'est constitué en une entité nationale proprement originale. Cette unification fut réalisée au milieu du XIVème siècle par le roi Fa Ngoum, dans la région de Luang Prabang, une des anciennes principautés lao installées dans le bassin du Mékong. A l'origine, c'est au peuple thai-lao (aujourd'hui appelé Lao Loum), groupe ethnique socialement et économiquement le plus avancé, que l'Histoire a attribué un rôle prépondérant. Aussi la culture nationale lao a-t-elle pour fond essentiel la culture de l'ethnie thai-lao, apparentée aux autres ethnies thai de la péninsule indochinoise et enrichie d'éléments empruntés aux Môn-Khmers (aujourd'hui: Lao Theung).

Comme d'autres pays de l'Asie du Sud Est, le Laos – par sa situation géographique entre les deux grands foyers de civilisation asiatique: la Chine et l'Inde – a subi cette double influence. Mais la plus importante, celle qui a laissé son empreinte sur la culture, fut celle de l'Inde. Cette influence était parvenue au Laos à travers d'autres peuples plus anciennement hindouisés, en particulier le peuple khmer.

D'où un fond commun de langue, de civilisation et de croyances qui caractérise les pays qui avaient adopté le Bouddhisme Theravada (ou Hinayâna), comme le Cambodge, la Thaïlande, la Birmanie. En dehors de l'enseignement des préceptes de Bouddha, qui est à peu près le même dans tous ces pays, le Bouddhisme lao, tel qu'il est conçu et pratiqué par la grande majorité de la population, a intégré des croyances plus anciennes, préexistantes. Aussi s'agit-il ici d'un Bouddhisme dépouillé de son caractère spéculatif ou mystique, largement populaire, plus conforme à la mentalité d'un peuple dont la joie de vivre et l'optimisme permanent s'accommodent mal de l'attitude bouddhique de résignation et de renoncement. La richesse et l'originalité de cette culture lao se manifestent, entre autres aspects, tant dans la langue et la littérature que dans l'architecture.

Langue

Si chaque ethnie peuplant le pays possède son propre parler, la langue officielle est le lao, qui appartient à la famille des langues thai pratiquées dans toute la péninsule indochinoise.

Le lao diffère peu de la langue parlée en Thaïlande. Langue essentiellement monosyllabique et variotonique, dans la mesure où chacun des 6 tons peut modifier le sens du mot. En changeant le ton d'une syllabe, on en fait un autre mot. Mais, s'étant enrichi de termes nouveaux et abstraits, en particulier dans le vocabulaire politique, le lao tend à devenir polysyllabique. L'écriture lao, issue du sanskrit et du pâli (pour les textes religieux), curviligne, proche du thaï, du birman et du khmer, s'écrit de gauche à droite et de haut en bas.

Parmi les langues étrangères, on compte le français de moins en moins usité et de plus en plus l'anglais.

Littérature

La littérature religieuse comprend essentiellement des textes canoniques du Bouddhisme, dont les Jataka qui relatent les scènes des vies antérieures du Bouddha. Les premières productions de la littérature lao semblent avoir été les chants et les incantations destinés à se concilier les puissances surnaturelles, que récitent encore aujourd'hui les officiants lors de certaines cérémonies votives comme le Baci. La littérature classique ancienne emprunte de nombreux thèmes aux sources indiennes, en particulier dans les épopées comme le Ramayâna. Quant à la littérature laïque, elle comporte des œuvres populaires, la plupart du temps anonymes et non datées: des contes, des légendes, des poèmes issus de la tradition orale.

Dans la littérature classique moderne, on compte un grand nombre de romans d'amour où se mêlent des éléments mythologiques ou fantastiques, ainsi que – plus récemment – des œuvres marquées par les options idéologiques de leurs auteurs. Il convient également de mentionner, surtout depuis 1975, une littérature à vocation socialiste et internationaliste: littérature de combat révolutionnaire, d'éducation politique et sociale.

Architecture

Le Laos ne compte pas d'ensembles architecturaux aussi impressionnants que les temples d'Angkor au Cambodge ou ceux de Pagan en Birmanie. Mais certaines cités lao, comme la capitale du Lan Xang, sont réputées pour la beauté de leur palais et de leurs pagodes.

L'architecture de l'ancien Laos est d'inspiration et de destination religieuses. On distingue deux types de construction: la pagode (Wat) et le reliquaire (That).

Les Wat de Luang Prabang sont couverts d'un toit à plusieurs décrochements, qui descend presque jusqu'au sol, protégeant ainsi de la pluie et du froid. L'intérieur comprend trois nefs séparées par d'imposantes colonnes. A Vientiane, l'édifice est plus élevé et ne comprend qu'une seule nef. On y accède par un escalier de pierre, orné de *naga* (serpent).

Au centre de chaque temple trône une grande statue de Bouddha, entourée d'autres représentations, plus petites, du Maître. Sur les murs, des fresques racontent des épisodes du Ramayâna ou des précédentes vies de Bouddha.

Les That sont des reliquaires, en forme de pyramides à plusieurs niveaux, semblables au stupa indien. L'édifice est plein (et ne peut donc pas être visité), surmonté d'une flèche. Ils contiennent des reliques du Bouddha ou de saints bonzes. Le plus remarquable est le That Luang de Vientiane, construit au XVIème siècle, qui, selon la tradition, abrite un cheveu de Bouddha.

Croyances et pratiques religieuses

Si on peut affirmer que le Bouddhisme est aujourd'hui la religion majoritaire et presque "officielle" du Laos, il faut aussi reconnaître tout d'abord qu'une partie non négligeable de la population – les ethnies montagnardes – n'a pas adhéré à cette croyance, puisqu'elle pratique des rites qui relèvent de l'animisme. Ensuite, il est évident que ceux qui se disent bouddhistes continuent de croire en des divinités antérieures à la naissance de Bouddha. Enfin, il ne faut pas s'attendre de la part d'un régime socialiste qu'il favorise les pratiques religieuses. Et pourtant, comment ignorer l'omniprésence du Bouddhisme dans le paysage laotien? Des centaines de monastères et de pagodes disséminés dans tout le pays et autour desquels s'organise la vie des habitants, des milliers de moines en robe couleur safran qui chaque matin, sur les routes des campagnes et dans les rues de villes, s'en vont quêter leur nourriture ... tout porte à penser que le Laos est un pays bouddhiste.

Pratiqué par une majorité de la population et religion d'Etat jusqu'en 1975, le Bouddhisme marque encore aujourd'hui la culture et la vie quotidienne des Lao. Les textes ne font nulle part mention du Bouddhisme au Laos avant le milieu du XIVème siècle, car c'est seulement à cette époque que l'on commence à rédiger les Annales. L'existence, au nord de Vientiane, de bouddhas rupestres datant du XIIème siècle permet de penser que le Bouddhisme était connu au Laos avant l'arrivée du roi Fa Ngoum. C'est sous son règne et sur son invitation qu'une mission bouddhiste, venant au XIVème siècle, de l'empire khmer, s'installe à Luang Prabang, apportant avec elle les textes religieux et une statue de Bouddha, connue sous le nom de Phra Bang. C'est ainsi que Bouddha devint le protecteur du Royaume.

Comme les autres Etats hindouisés de l'Asie du Sud-Est (Cambodge, Thaïlande et Birmanie), le Bouddhisme au Laos suit "la doctrine des Anciens", le Theravada ou Bouddhisme primitif, appelé également Hinayâna ou "Petit Véhicule", à la différence du Bouddhisme plus tardif, appelé Mahayâna ou "Grand Véhicule", propre aux aires culturelles chinoises comme le Vietnam.

Au Laos, dans chaque localité on trouve une pagode. Il y en aurait plus de 1000 dans tout le pays. Dans les pagodes, les monastères, dans les grottes (comme celles de Pa Kou dans la province de Luang Prabang ou celles de Pou Kham dans la province de Vientiane), partout sont présentes des statues de Bouddha, sous différentes représentations ou attitudes (*mudra*) qui évoquent les quatre principaux moments de la vie du Bienheureux:

– la méditation, avec les deux mains posées sur les jambes croisées, les paumes tournées vers le ciel;
– la prise de la terre à témoin, moment précédant l'Eveil, en position assise avec la main droite effleurant le sol;
– l'enseignement de la Doctrine, toujours en position assise, les doigts en mouvement, à la hauteur de la poitrine, signifiant la mise en branle de la roue de la Loi;
– l'absence de crainte, en position verticale, les paumes de la main tournées vers l'avant. On trouve aussi des bouddhas marchants ou allongés sur le flanc, en nirvana.

Au Laos le Bouddhisme rythme le temps, surtout à la campagne. Il façonne la vie du peuple, celle des moines, comme celle des laïcs.

La grande majorité des fidèles, laïcs, engagés dans la vie active, reste liée à la vie des monastères. Ce sont eux qui font aux moines l'aumône de la nourriture et de vêtements. Ce sont eux qui vénèrent les reliques et les statues de Bouddha, participent aux fêtes religieuses. De nombreux Lao – des hommes uniquement – font au cours de leur vie une retraite de quelques semaines dans des monastères et, conformément à la tradition, ils se font alors raser cheveux et sourcils, comme les moines.

Vientiane

Ein sicherer Ort um seine Wünsche zu hinterlegen.
Un espace bénéfique aux invocations.
A safe place to leave one's wishes.

Le moine ou bonze est au Laos une personne que l'on respecte. Tous se prosternent devant lui et peu osent le critiquer ou douter de sa foi. Ce sont les bonzes qui, jusqu'en 1975, étaient chargés, dans les zones rurales, de la scolarisation des enfants. Après 1975, ils furent invités par les nouvelles autorités à travailler la terre, comme le reste de la population, ce qui est contraire à la règle monastique qui interdit toute activité productrice.

Aujourd'hui le Bouddhisme, élément important de l'identité lao, semble avoir retrouvé une nouvelle vie. Tout au long de l'année, ce n'est qu'une longue succession de fêtes (*boun*) et de célébrations autour de la vie de Bouddha. Ainsi, lors de la pleine lune du mois de mai, on commémore à la fois, la naissance, l'Illumination et le Nirvana du Bouddha (fête de Visaka Bousha). Au début de la saison des pluies, la fête de Khao Phansa marque l'entrée en retraite des moines. Les fidèles, à cette occasion, renouvellent les vêtements des bonzes. C'est aussi la période des ordinations. Au bout de trois mois, c'est la fin du Carême bouddhique (Boun ok Phansa). Tous les édifices religieux sont illuminés et le soir, de petits radeaux chargés d'offrandes et éclairés d'une bougie sont lâchés sur l'eau.

Parmi les autres fêtes religieuses, il faut retenir celle qui célèbre les incarnations de Bouddha (Boun Pha Vet), ses prédications (Makha Bousha) etc. ... A ne pas manquer, à Vientiane, lors de la pleine lune de novembre, la fête du Wat That Luang, qui rassemble des centaines de moines et de nonnes, venus de tout le pays et que les fidèles honorent en leur offrant des guirlandes de fleurs, des cigarettes, de l'argent.

Ce n'est pas au Laos qu'il faut chercher une forme de Bouddhisme authentique et pur, comme à Sri Lanka (Ceylan) par exemple. Ce qui ne veut pas dire que les Lao sont étrangers à toute vie religieuse. Bouddhiste, le Lao l'est certainement, mais à ce titre, il n'en est pas moins tolérant et réceptif à d'autres croyances.

Comme dans d'autres pays acquis au Bouddhisme, les Laotiens croient en l'existence d'esprits et de génies divers, qu'ils appellent Phi et qui sont comparables aux Nat des Birmans et aux Neak ta des Khmers. Ces "esprits", logés dans les arbres, des animaux, des demeures, des collines ... pouvant être tant bienfaisants que malfaisants, il convient de les vénérer, de leur faire, par exemple, des offrandes de nourriture que l'on dépose sur de petits autels. Pour s'attirer les bonnes grâces du génie des routes, on sacrifie un coq ou, pour une bonne moisson, un buffle. Pour mettre en fuite les mauvais génies des eaux, les piroguiers se font tatouer un losange bleu sur la cheville gauche. Le tir de pétards peut contribuer à faire fuir les esprits maléfiques.

Parmi les rites animistes, on peut citer le *baci*, cérémonie qui marque tout événement plus ou moins important de la vie (naissance, mariage, départ ou retour d'un voyage) ... et au cours de laquelle on invoque des esprits et des divinités que l'on espère retenir à l'aide de fils de coton attachés aux poignets des invités et supposés porter chance. Les bons génies, dont on attend qu'ils veillent à la prospérité de la population – surtout dans les campagnes – sont régulièrement célébrés, particulièrement avant le début de la saison des pluies, en vue des prochaines récoltes.

Comme dans chaque village, le pays tout entier est placé sous la protection des "génies", dont les principaux ont été assimilés par le Bouddhisme. En fait, le Bouddhisme est venu se surajouter à un substrat religieux pré-existant. Ainsi ces pratiques animistes très anciennes cohabitent sans heurt avec celles du Bouddhisme. Ces cultes pré-bouddhiques continuent à connaître la ferveur populaire, d'autant que la philosophie du Bouddhisme reste souvent peu accessible pour une grande partie de la population, qui ne retient de l'Enseignement du Bouddha que des principes de base: exigences de la moralité, rétribution des actes, dons de nourriture et marques de respect aux bonzes, alors que le culte des génies, lié à la terre, concerne directement les masses paysannes.

Animisme et Bouddhisme se pratiquent dans une relation de complémentarité: à travers le culte des esprits, les Lao recherchent le bien-être en ce monde, tandis que l'Enseignement du Bouddha leur indique la voie du salut dans l'au-delà.

Mode de vie et joie de vivre

Certes, la situation géographique n'est pas des plus favorables: le Laos est cerné par des populations plus nombreuses, souvent plus entreprenantes, parfois plus développées. Certes aussi, l'histoire contemporaine n'a pas été des plus paisibles: le Laos a connu maintes querelles fratricides et interventions étrangères. Et pourtant le Laotien n'a pas une conception tragique de la vie. Au contraire, c'est un nonchalant, un jouisseur qui connaît une grande liberté de mœurs et qui sait prendre la vie du bon côté.

Pourquoi travailler et produire plus que ne l'exige le minimum vital? Sa devise pourrait être "carpe diem", qu'il exprime en lao par *Bo pen niang* ("ça ne fait rien, ce n'est pas grave"), des mots que l'on peut entendre à toute occasion. Ce peuple qui a subi tant d'influences étrangères, qui a rencontré tant de "visiteurs" au cours des temps, a gardé le sens de l'amabilité, de l'hospitalité. *Sa ba di* ("bonjour, bienvenue"): ainsi salue le Lao toute personne qui l'accoste. Et toujours avec le sourire. Ce sourire qui est l'expression d'un état d'esprit, à coup sûr, mais aussi peut-être une protection contre les empiétements d'autrui. Le Lao est individualiste, mais aussi très sociable.

Pour le bouddhiste lao, faire le bien permet d'acquérir des mérites, des *boun*. Or ce mot signifie également "fête". Aussi, pourquoi ne pas faire la fête ici et aujourd'hui pour acquérir des mérites ailleurs et plus tard?

Les Laotiens de toutes origines aiment faire la fête. A de nombreuses occasions – religieuses ou profanes – ils aiment à se retrouver, dans la bonne humeur, oubliant quelques instants les soucis de la vie quotidienne. L'ambiance d'un *boun*, tient autant de la kermesse que du carnaval. On chante, on joue du *khen*, on danse le Lam Vong. Parmi les célébrations populaires, on ne saurait manquer celles du Jour de l'An ou Pi Maï, qui s'étirent sur 3 à 5 jours (le calendrier bouddhique, mi-solaire, mi-lunaire, commence autour du 15 avril). Appelée aussi Fête du Cinquième mois, elle coïncide avec l'apparition des premières pluies. Les jeunes filles revêtent alors leurs plus beaux atours pour se rendre à la pagode, les hommes se maquillent le visage de couleurs vives. Dans les rues et sur les routes, à pied, à motocyclette ou en voiture, on s'amuse à s'asperger d'eau, à l'aide de pompe à bicyclette ou de seaux. Plus respectueusement, on procède aussi à cette occasion au bain des statues de Bouddha sur les terrasses des lieux saints. En octobre ou novembre se présente encore une occasion de se réjouir: la Fête des eaux (Boun Nam), qui marque la fin de la saison des pluies, donne lieu, entre autres manifestations, à d'impressionnantes courses de pirogues sur le Mékong, tandis que sur les berges, des milliers de Laotiens et de Laotiennes de tous âges, se pressent pour assister au spectacle.

Quelque soit son niveau – social ou économique – le Lao a su garder, avec ses traditions de toujours, ses chants, ses danses, ses jeux, son amour de la vie et du sol natal. Il a su, malgré les attraits de la "mondialisation", préserver l'essentiel de sa personnalité.

La longue présence française puis l'irrésistible influence américaine ont certes marqué les mentalités. Mais cette "occidentalisation" ne semble avoir touché que les classes aisées des centres urbains, essentiellement Vientiane et Luang Prabang. A la campagne, la vie se déroule encore comme dans un lointain passé, ou presque.

Mais pour combien de temps? Car la tentation est grande: la société de consommation, telle qu'elle apparaît de l'autre côté du Mékong, pourrait, dans un avenir plus ou moins éloigné, amener les Laotiens à changer de comportement, à adopter une autre philosophie de la vie. Et le Laos ne serait plus cette enclave du farniente, tant appréciée des étrangers.

Il est grand temps de connaître le Laos des Laotiens et de se laisser griser par un mode de vie, une joie de vivre peut-être en voie de disparition.

Meeting Laos

AN INVITATION TO TRAVEL FROM JOSEPH R. POUVATCHY

In Laos, the country in which "the veiled sun in this restless sky ... casts such a mysterious spell" (Baudelaire) is simply pure beauty, serenity and sensuality – which is true for both the countryside and the attitude of the people. Joining in daily life, embedded in ritual and tradition, to partake in the silence of the monasteries and village festivities, the glutinous rice and the grilled bananas, to be intoxicated by the countless, exotic aromas: This is how you gradually get to know the country of the Laotians.

Laos is opening up to the world, but not blindly or thoughtlessly exposing itself to tourism – as was the case in some other Asian countries. It is just this that makes it so attractive and appealing.

Once called "The Kingdom of a Million Elephants and the White Parasol" (Lane Xang Hom Khao), Laos is still an enchanting country today, with endless gigantic forests, its mountains which dominate the jungle; its waterways, some of which are wild and gushing while others are tame and calming. A country which recent history has appeared to have forgotten, everywhere – despite the encroachment of foreigners and murderous wars – the old culture is still present.

Luang Prabang

Nach dem Morgengebet ziehen die Mönche durch die Straßen und sammeln in ihrer Opferschale (baat) die Spenden der Gläubigen ein.

Après la prière matinale, moines en procession dans les rues tenant à la main un récipient (baat) pour y recevoir les offrandes des fidèles.

After morning prayer, the monks pass through the streets collecting offerings in their bowls (baat) from the faithful.

Discovery of a Country

With an area of 236.800 km^2 (approximately the same size as Great Britain), Laos stretches over more than 1.000 km from north to south and between 200 and 400 km from west to east. With around 5 million inhabitants, it has about half the population of Bangkok and is the least populated country in Asia. Thailand has 12 times, Vietnam 16 times as many inhabitants. The population density is 15 people per square kilometre.

The climate in Laos is tropical. From May to October the monsoons bring the rainfall which causes the rivers to burst their banks. Then comes the dry season with fresh and even cold temperatures in the highlands. Between March and May it gets very hot.

Geographically, Laos consists of the Mekong Valley where several levels follow in succession – from the areas around Vientiane to the borders with Cambodia – as well as the wide back country of high plateaux and mountains. The largest part of the country is covered with tropical forests. Here, there are not only several types of tree such as teak, jacaranda, palms, bamboo and kapok to be found, but also spices like cardamom, ginger, herbs and benzoin which are used for the production of medicines from local recipes as well as for culinary purposes.

Compared to the neighbouring countries, Laos still possesses well conserved vegetation. The threat of pillaging the forests is controlled by the state which forbids the export of raw timber. But not only the forests, the paddy fields are a shimmer of green in the rainy season and are characteristic of the Laotian landscape. Rice, which is grown wet in the valley and dry in the hills, is sown in spring and harvested in autumn. It forms the staple diet of the Laotians.

The flora and fauna have not escaped the impact of the wars of the 60's and 70's. The hunt has not been regulated by the state to this day but, above all, the burning of clearings for conversion into fields for planting rice have all contributed to the demise of plant and animal life. However, thanks to the low population density and a relatively undeveloped transport network, Laos has remained one of the few Asian countries which still has lush and abundant flora and fauna: Wild elephants, leopards, black bears, many species of monkey and wild boar live here.

Laos – with its capital Vientiane – has been the Lao People's Democratic Republic (LPDR) since 1975. Since 1986, the country has been open to private enterprise. Trade and service companies have developed prolifically. The population, 85% of which are engaged in farming vegetables, coffee, soya, cotton, peanuts, rice and poppy seeds – used for extracting opium. There is little industry here. Rich in coal, iron, copper and gold which has hardly been mined. The large natural resource used here is hydro-electric power delivered by the Mekong and its tributaries. Particularly important is the reservoir dam at Nam Ngum north of Vientiane – the largest dam in Southeast Asia.

Surrounded by China, Vietnam, Cambodia, Thailand and Burma, Laos is the only state in the region which is landlocked without direct access to the sea. The majority of the economic activity in Laos is concentrated along the border with China, Vietnam and Thailand. With an average wage of approximately 300 US$ per capita, Laos still remains one of the poorest countries of the world. In 1998 the country was made a member of the "Association of South East Asian Nations" (ASEAN). Vietnam, Cambodia, Thailand, Burma and others belong to this co-operative.

The River and the Cities

The Mekong, with its own mighty and phenomenal power, this "Mother of Waters", is the sea of Laos. It rises in China and discharges into the sea South Vietnam. With an overall length of 4.000 km, it runs for 1.500 km through Laos and serves as a natural border between Burma and Thailand. The river is invaluable for fishing and for rice and vegetable farming. Together with its tributaries, it is the main transportation artery through Laos. The majority of the most important towns are situated along the banks of the river where half the population live. Since 1994, the "Bridge of Friendship" has connected Laos to Thailand.

Luang Prabang, the Royal City

The former royal residence with a population of more than 30.000 is the most beautiful city in the country, the richest and most religious architecture and the best preserved throughout Southeast Asia. Treasures of Luang Prabang not only consist of the pagodas and the monasteries, but also hundreds of monumental and colonial buildings which comprise the architectural wealth. Since 1995, the city has been classified by UNESCO as a "World Heritage Site – an example of harmony between natural and manmade environments".

Nearly everything in Luang Prabang is worth seeing. Something special is the Wat Xieng Thong, a temple which was built in the 16th century. Its roofs illustrate the special architectural style of the North: sweeping down almost to the ground. Also worth a visit is the Wat May and the former Royal Palace of 1906, which houses the National Museum (or Museum Ho Kham) today.

The other Cities in the Country

Vientiane (or Viengh Chan) is the capital of Laos. With around 200.000 inhabitants and countless buildings from the 19th century, it still reflects the strong French influence today.

Even today, there are more than 100 active temples in Vientiane. One of these is the popular pilgrimage site at That Luang, also known as the "Holy Mountain". It is the emblem and religious symbol of the country; it is said that in the innermost shrine are reliquiae of Buddha himself.

The Wat Sisakhet, temple and museum combined, is the only pagoda which survived after the destruction of the city by the Siamese in 1827. Finally, it remains only to highlight the Wat Ho Pra Keo, today's National Art Museum. Originally, it was planned to hold the Phakeo (Jade-Buddha) brought back by King Setthathirath in 1569, but since 1779, this has been in the hands of the Siamese (in Wat Pha Keo, Bangkok).

Savannakhet is the capital city of the similarly named province with approximately 50.000 inhabitants the second largest city in Laos. It forms a very busy transit and trading centre for southern Laos at the crossroads leading to Vietnam and Thailand. In the southernmost province Champassak lies the capital city of Pakse. With almost 25.000 inhabitants it is the largest city in the south. The roads to Vietnam and Cambodia pass by here. Lying at the intersection of the rivers Mekong and Se Done, it is the starting point leading to one of the architectural highlights of Laos situated about 50 km from Pakse: Wat Phou, the oldest ruins of which date back to the 5th and 6th centuries (making them 200 years older than the Angkor Wat in Cambodia).

A Long and Chequered History

The peoples of Laos can be proud of the fact that traces of the prehistoric age have been found here. For instance, in central Laos, in the region known today as the Province of Xieng Khouang, 300 earthenware urns were discovered, scattered over a high plateau (from which the name Thong Hay Hin originates – "Plateau of the Earthenware Urns"). Today, scientists are still puzzling over the meaning and usage of the Urns, with diameters from 50 cm up to 3 m and weighing up to 3 tonnes. It is possible that they were once used for burial rituals.

Not really much, however, is known about the ancient history of the Lao folk. The country they call Laos today was under the influence of the Thai and the Khmer at the time of Christ, which is witnessed by the ruins of Wat Phou close to the border with Thailand and Cambodia.

Like the Thais, the Laos had originally settled in the Southern China, in the Yuennan Region; in the 13th century they were forced to wander further south by the Mongolians – the Thais marched through the Menam Valley and the Laos took to the Mekong Valley. This formed the four principalities of Luang Prabang, Vientiane, Xieng Khouang, Champassak.

Glory and Fall – Unity and Disbanding

In the light of the devolution of the territory, Fa Ngoum, a Prince of Luang Prabang, set up a United State of Laos in the 14th century: The Kingdom of Lane Xang Hom Khao or "The Kingdom of the Million Elephants and the White Parasol". Fa Ngoum had lived at the Court of Angkor and had won the support of his father-in-law, the King of Khmer, in the fight against the enemies from Siam and Vietnam. It was also he that made Buddhism in its Theravada form the state religion.

After countless internal unrest during the 15th century, the 16th and 17th centuries were ones of prosperity and expansion. This period also saw the reign of King Souligna Vongsa, the longest reigning monarch in Laotian history. Following this golden era of the independent Laos, there was a conflict of succession in the 18th century, causing the dissolution of the kingdom into three parts: Luang Prabang, Vientiane and Champassak. This led to a weakness which the neighbours were able to capitalise on. The rulers of the Champassak principality, which was isolated in the south, became a vassal of Siam until the 20th century.

The centrally located Kingdom of Vientiane suffered for a long period under the annexation of the Vietnamese who forced their supremacy on them. It was much better in the north. The Kingdom of Luang Prabang was initially able to avoid becoming a vassal of the Vietnamese, but it was occupied and pillaged by the Burmese for a period until it was finally brought under the control of the Siamese.

In the 19th century, still under the pressure of their two strongest neighbours, Siam and Vietnam, Laos was dominated by many serious crises. Siam occupied the right bank of the Mekong and strengthened its grip on the left bank: Vientiane was plundered and razed to the ground, during which thousands of Laotian families were deported to Siam. Vietnam occupied Xieng Khouang (Vietnamese Tranh Ninh) and allowed itself to intervene in southern Laos.

In the middle of the 19th century, it was only Luang Prabang which was able to maintain independence, but this was only on paper and bought with expensive tributes to Vietnam and Siam.

The French Occupation

The middle of the 19th century saw the start of the race for colonial dominance of the Indonesian peninsular between France and Great Britain. Great Britain conquered Burma and had pushed as far as the borders of the Shan states on the rim of the upper Mekong, close to Laos. After Vietnam was made a French protectorate in 1883, followed by Cambodia in 1884, France acknowledged the historical rights of the Vietnamese to Laos and sent a French ambassador, Auguste Pavie, to Luang Prabang. In the Treaty of Bangkok in 1893, Siam was made to surrender her rights to the left bank of the Mekong. These areas formed the later French territories in Laos: The former minor states of Vientiane and Champassak were granted colonial status. Luang Prabang was under French rule; the Laotian King was no longer sovereign ruler, but his Kingdom remained officially intact. During this time, Laos was in reality no longer an autonomous, political entity. Only the Kingdom of Luang Prabang, the only remaining trace of the State of Lane Xang, continued to maintain the appearance, although a weak one, of a stately power. The Kingdom of Vientiane, Xieng Khouang and Champassak no longer existed.

At the end of the 19th century, Laos was united once more – albeit as a protectorate or rather French colony. But France was not really interested in Laos itself. The French felt drawn toward the developing possibilities in Vietnam and, slightly secondary, Cambodia. In addition, they recognised Laos as a form of buffer state between them and the British crown.

Provinz Luang Prabang
Mekong

From Independence to Freedom

However, the French authorities tried to secure the borders of the kingdom, to solve political and administrative questions and develop the economy. The "Résident Supérieur", the most important statesman, declared Vientiane the administrative capital of Laos while King Sisavang Vong was residing in Luang Prabang. In 1941, Laos like most other states in southern Asia, was occupied by the Japanese.

As France attempted to re-establish herself in Laos after the Japanese capitulated, Laotian politicians held firm. Two rival groups dominated the stage in the quest for independence: Prince Souphanouvong and his movement, Pathet Lao, which was supported by the communist Vietnamese and on the side of the anti-communists was Crownprince Savang supported by Thailand. Between the two movements were the neutrals supporting the Princes Souvannaphouma. Several governments followed in succession in Vientiane all of which called themselves "Government of the National Coalition" while in the rest of the country, conservatives and revolutionaries battled it out. These internal disputes facilitated foreign intervention; the people of Laos were too weak to resist the attacks of their mighty neighbours.

1965 saw the conflicts in Laos develop into wars of international dimensions: The socialist bloc, above all the Democratic Republic of Vietnam, supported the Pathet Lao, while the western world, especially the USA, was firmly behind the ruling monarchy. Laos developed into one of the most devastating theatres of war in Indochina until the "People's Freedom Army of the Laotian Peoples" took control in 1975. The monarchy was dissolved and the country declared as the "People's Democratic Republic of Laos".

Today, the Laotian parliament has, after years of separation from countries within the socialist bloc, finally redeemed and opened itself to the western world. The collapse of the eastern bloc has as well led to a liberalisation of the economic policy. Even though Laos is still very much under the influence of Vietnam and economically dependant on Thailand, it has experienced since the beginning of the 90's an exemplary period of growth and stability in its modern history, which was only halted by the Asian crisis at the end of the millennium.

The People: An Ethnic Mosaic

With approximately five million inhabitants, Laos is one of the least densely populated countries on the continent. But even so, it is difficult to speak of a Laotian people because of the many ethnic cultures. It is estimated that there are some 60 ethnic language groups divided into three main ones in their own independent settlements:

The Lao Loum (or "Lowland Lao") form the majority of the population (approx. 50 %). They live in the fertile plateaux and in the lower valleys of the Mekong and its tributaries. The Lao Loum are the main ethnic group in Laos, and belong to the same family as the Thai of Thailand and the Shan of Burma. They have permanently settled, are Buddhists and speak Lao. Characteristic of the Lao Loum is wet farming of rice. They are both culturally and economically the ruling group in the country.

Other Thai races which have hardly been affected by Buddhism are or are still followers of Animism, worship of natural gods. Here, it is necessary to differentiate between the Thai Dam, or "black Thai", of the north and the Thai Khao, or "white Thai", of the area around Luang Prabang and the Thai Deng, or "red Thai", in the east.

Among the ethnic minority groups, generally known as "Mountain Dwellers", are the Lao Theung and the Lao Soung:

The Lao Theung (or "Midland Lao") live from 500 up to 1.000 m above sea level and originate from the very first settlers. In the course of the centuries, they were forced to retreat to the less fertile areas, to the forests in the centre and south of Laos. The culture of some of the Lao Theung people has been influenced by the Vietnamese (Moi from Vietnam) and Cambodians. Members of these groups were designated as *kha* (slaves) by the ruling Laos. As Animists, sometimes polygamists, they speak the languages which can be traced back to the Môn-Khmer. They are separated into different sizes and tribes. One of these groups is the Khao Mou in the north. The Lao Theung live by harvesting (maize and tobacco) from land in forest clearings, as well as hunting and livestock farming (pigs, chicken).

The Lao Soung (or "Upland Lao") live above 1.000 m, predominantly in the north of the country. They are of Chinese-Tibeten origin (speaking languages today which are still similar to Chinese) were originally nomadic but have now permanently settled. Ethnological differences between the Hmong-Yao and the Tibeten-Burmese peoples. Also the Lao Soung are Animists and as such practise the ancient and spiritual as well as peasant fertility rituals. They make a magnificent picture in their traditional dress in the early morning when they come down from the mountains to sell their vegetables, firewood and colourful cloths in the markets – a timeless and enchanting scene. Hmong and Yao plant maize in the torched clearings and also produce poppy seeds. Livestock (pigs, cattle, horses) and the hunt play an important role. Among them are also dangerous warriors who are used to fighting in the jungle. Famous in their time were the Hmong or Meo. Under the command of General Vang Pao, they fought for the French and the Americans in their wars against the "Laotian People's Freedom Army". Many of the Hmong emigrated in 1975, above all to the USA and to French Guyana where they were able to continue in part with their traditional lifestyle.

These, the real Laotian people, had to be integrated into the foreign communities, especially in the towns, like the Chinese and the Vietnamese, whose influence was felt especially during the Sino-Vietnamese new year celebrations.

A Rich and Diverse Culture

Because the Laotian peoples are made up of different ethnic groups, Laos only constituted its own national image during the course of several centuries. The union was, as previously noted, finally completed by King Fa Ngoum in the middle of the 14th century.

Historically, the Lao-Loum as the ethnic group, which was the most developed socially and economically, played a significant role in the area of culture. The Laotian national culture, therefore, had a fundamental influence on the culture of the Thai Lao, who are related to the other Thai peoples on the Indochinese peninsular. It was enriched with elements especially with those from the Môn-Khmer (also called the Lao Theung today).

As with other countries in Southwest Asia, due to its geographical location, Laos is exposed to the influence of the two great centres of Asian culture: China and India. But the country is more strongly influenced by the Indian culture. This influence has been brought to

Laos by other peoples, who have long since become Hindus, such as the Khmer nation. This has led to common roots in the language, in the culture and in belief which characterise that country where the Theravada-Buddhism (also known as Hinayana – "Little Vehicle") has been adopted in Cambodia, Thailand and Burma. Except for the instructions in the laws of Buddha, which is almost the same in all of these countries, the Laotian Buddhism – as it is understood and practised by the majority of the nation – integrates beliefs which are even older. This refers to a Buddhism which does not possess any speculative or mystical character, a Buddhism that is very popular and is more representative of the people's mentality whose zest for life and continual optimism would make it hard for them to come to terms with the resignation and abstinence of traditional Buddhism.

The treasures and originality of this culture are shown equally in the language, the literature and the architecture.

Language

Even though each group has its own language, the official language is Lao, which belongs to the Thai family of languages spoken throughout the whole of the Indochinese peninsular. It differentiates itself only slightly from Thai. This language is mostly mono-syllabic and varying tones, so much so that the meaning of a word will change with each of the 6 tones. If the tone of one of the syllables is altered, it will have a different meaning. But, since the Laotian language has been influenced by new abstract expressions, especially through the political vocabulary, it has tended to become multi-syllabic today.

The written Laotian language is taken from the Sanskrit and from the Pali, which is used for religious texts. It is written from left to right and from top to bottom with irregular charakters similar to Thai. Foreign languages are French and English whereby French is spoken less and less and English more and more.

Literature

The religious literature includes mainly the canons of Buddhism, Jataka among them, which reports on the earlier life of Buddha. The first forms of Laotian literature appear to have been songs and incantations which were designed to encourage the benevolence of the heavenly powers. Even today, they are recited during certain ceremonies by the priests. The old, classical literature has adopted many of the themes from Indian sources, especially from Epen and also Ramayâna. The world literature consists of folkloric texts, the most of which are anonymous and not dated: Stories, legends and verse taken from the traditional spoken word.

In modern literature, we find a greater proportion of romantic novels in which elements of mythology and fantasy are combined. In recent times, there are also works which have been noted for the worldly ideologies of their authors. Here, that particular genre of literature must be mentioned, mainly written after 1975: literature telling of the revolutionary battles for political and social education with their social and international content.

Architecture

Laos perhaps does not have such imposing architectural complexes such as the Temple of Angkor in Cambodia or the Temple of Pagan in Burma. But some of the Laotian cities such as the former royal residence, Luang Prabang, are famous for the beauty of their palaces and their temples. The architecture of old Laos was religiously inspired and has a religious dominance. There are two types of building: the temple (Wat) and the reliquary (That). The Wats from Luang Prabang have layered roofs which reach almost to the ground as protection from rain and cold. The interior consists of three naves separated from each other by imposing columns. In Vientiane, this type of building is higher with only one nave. The entrance is a flight of stone steps decorated with snakes (*naga*). In all the temples, a large statue of Buddha dominates the centre surrounded by other smaller images of the master. On the walls, frescos relate the episodes from the Ramayâna or from the earlier life of Buddha. The *that* are reliquary in the form of pyramids with several intermediate levels. They are similar to the Indian stupas. The buildings are solid (they cannot be entered) and are capped by a spire. They contain some reliquary of Buddha or highly respected priests and holy bonzes. The most remarkable is That Luang in Vientiane. It was built in the 16th century and according to tradition contains the reliquiae of Buddha.

Beliefs, Festivals and Rituals

Even if Buddhism is the main religion of the country, a significant proportion of the population – the mountain tribes – did not adopt this belief, but maintained the rites of Animism. Apart from that, there are those who call themselves Buddhists but still believe in gods which were honoured even before the birth of Buddha. Finally, it must also be taken into account that the socialist regimes only engaged themselves casually to promote the religious doctrine of Buddhism among the population and to unite the different forms of worship.

Buddhism is ubiquitous in Laos: Hundreds of monasteries and temples are scattered over the country around which the life of the people is organised. Thousands of monks in their saffron yellow robes pass along paths and roads each morning asking them for food. All the indications show that: Laos is a Buddhist country.

Buddhism is practised by the majority of the population. It was the state religion until 1975 and even today still influences the daily lives of the Laotians. They have believed in Buddha for centuries. He is even mentioned in a text dating back to the middle of the 14th century. It was at that time that they began compiling annals. North of Vientiane, there are statues of Buddha hewn in the rock face and date back to the 12th century. It can be deduced from this that Buddhism existed in Laos even before the arrival of King Fa Ngoum. Under his rule and at his invitation, the most important Buddhist mission came from the Khmer Empire in the 14th century and settled in Luang Prabang. They carried religious texts and a golden statue of Buddha, the Phra Bang, with them. Since their arrival in Laos, this figure has become the symbol of the nation and state property. It was in this way that Buddha became the protector of the kingdom.

As the other Hindu-influenced states of Southeast Asia (Cambodia, Thailand and Burma), even Buddhist Laos followed the "ancient teachings", the Theravada, the original Buddhism also called "Hinayâna" or "Little Vehicle". It differed from a later form of Buddhism called "Mahayâna" or "Big Vehicle" which belonged to the Chinese culture and was, therefore, also practised in Vietnam.

Many of the Buddha statues can be found by the visitor in the countless temples and monasteries as well as in caves, for instance the Pak Ou in the province of Luang Prabang or Pou Kham in the province of Vientiane.

Gautama Buddha is portrayed in a variety of situations and poses (*mudras*), making gestures as a reminder of the four most important moments in the life of the blissful one:

– the "Meditational Pose" (here, the hands are placed on top of each other in his lap, palms facing up with the right hand always on top);
– the "Earth Touching Pose" (seated with the right hand just touching the ground calling on the earth to witness his words);
– the gesture of "Teaching of the Word" (also seated, the finger moving level with the chest, whereby the right hand scribes a wheel with which the left hand symbolically makes contact, meaning: Buddha has set the wheel of law in motion);
– the gesture "Absence of Fear" (standing with the raised palms of the hands turned to the front).

There are also "walking" Buddhas or similar lying on their sides in Nirvana.

In Laos, Buddhism gives time its rhythm, above all in rural areas. It dominates the lives of the people, that of the monks and of the lay people. The large majority of believers are lay people, that are active in daily life, but maintain close contact with life in the monasteries. They provide the monks with food and clothing as alms, they worship the reliquary of Buddha's statues and take part in religious festivals.

Countless Laotian men withdraw from society at some time in their lives to become monks in the monastery – according to tradition – shaving off both hair and eyebrows. The monks or bonzes are greatly respected in Laos and their position in the community is sacrosanct. Everyone bows to them and only a few dare to criticise or doubt their

Vientiane
Wat Xieng Khuan

Der Buddha-Garten: Eine Art Pantheon indischer, buddhistischer und laotischer Mythologie.

Le jardin de Bouddha, sorte de panthéon de la mythologie indienne, bouddhiste et laotienne.

The Garden of Buddha: Pantheon of Indian, Buddhist and Laotian mythology.

integrity. Up until 1975, the monks were responsible for the education and development of the children in rural areas. Thereafter, they like the rest of the population were ordered by the new government authorities to cultivate the land; conflicting with the monks' ideals which disallowed any productive activity.

Today, Buddhism appears to have become resurrected as a vital element of Laotian identity. Throughout the entire year, there is a long string of festivals (*boun*) and celebrations of events relating to the life of Buddha. His birth, his enlightenment and the Nirvana (Festival of Visaka Bousha) are celebrated together during the full moon in May.

The Festival of Khao Phansa is celebrated at the beginning of the rainy season which also signals the start of a period of meditation and spiritual exercises for the monks. At this time, the followers renew the clothes of the bonzes. It is also the time for ordination, the consecration of new monks. Three months later, the end of the Buddhist fasting period is celebrated (Boun ok Phansa): all religious buildings are lit up and small floats loaded with offerings and lit by a candle are let into the water.

The Pi Mei is one of the traditional festivals and lasts for five days. The half of the Buddhist calendar is dedicated to the sun and the other half to the moon, the latter beginning on 15th April. Pi Mei is also called the "Festival of Five Months" and coincides with the first day of the rainy season. The girls dress up to visit the pagodas and the men paint their faces with vibrant colours. People make merry on the streets, on foot, on motorbike, or in cars, spraying and splashing each other with water from bicycle pumps or buckets. Many worshippers show reverence during this time by cleaning the statues of Buddha on the terraces of the religious buildings.

In October or November, there is yet another time for enjoyment: the "Festival of Water", Boun Nam, which celebrates the end of the rainy season. Alongside other events, this is a festival at which pirogue races are organised on the Mekong and thousands of Laotians of both sexes and all ages congregate on the banks of the river to enjoy the spectacle.

Among the many religious festivals, the most interesting days are those on which the incarnation (Boun Pha Vet) and sermons (Makha Bousha) of Buddha and others are celebrated. And the Festival of Wat That Luang should not be missed during the November full moon when thousands of monks and nuns from all over the country come to Vientiane. The worshippers show reverence by handing out garlands of flowers, cigarettes and money.

The authentic and pure form of Buddhism as in Sri Lanka (the former Ceylon) will not be found in Laos. The Laotians are without doubt Buddhists, but as such are tolerant and receptive to other forms of religious belief. As in other countries, the Laotians believe in the existence of different spirits and genies, called Phi and which are comparable with the Nat of the Burmese and the Neak ta of the Khmer. These spirits live in trees, animals, dwellings and on hills. They can be good or bad. In any case, it is recommended that they be shown reverence by giving them offerings which are placed on small altars. A cockerel or, for a good harvest, a buffalo will be sacrificed in order to win the favours of the spirits of the streets. The pirogue boatmen allow themselves to be tattooed with a blue rhombus on the left ankle to drive away the evil spirits of the water. Fire-crackers are let off which also serve to drive away the evil spirits.

The Baci belongs to the animistic rituals, and is a ceremony which marks almost every important event in life (birth, wedding, outward and return journeys, etc.). In the course of this ceremony, the spirits and gods are called upon to stay with the people who wear lucky strands of cotton tied to their wrists.

The good spirits who are expected to look after the good of the people – above all those in rural areas – are celebrated regularly, especially at the beginning of the rainy season and in anticipation of a good harvest.

As in every village, the entire country is under the protection of the spirits. The most important spirits have been adopted and adapted by Buddhism. Therefore, making it possible to maintain the very old Animistic rites without conflict alongside those of Buddhism. These pre-Buddhism cultures remain the passionate affection of the people, principally because the philosophy of Buddhism is still difficult to understand for a large section of the population. People can only comprehend a few of the basic principles of Buddhist teachings: moral development, praise or admonishment of actions, the commitment, to give the bonzes food and respect. The spiritual culture is, on the other hand, concerned with the soil and inevitably with the destiny of the rural population. Animism and Buddhism are practised in a complimentary relationship. The Laotians hope for prosperity in the world whereas the Buddhist teachings show them the way to heaven.

Lifestyle and Pleasure

The geographic situation is not very favourable. Laos is landlocked by countries that are more densely populated, more productive and better developed. The country has also suffered under fratricidal wars and frequent foreign intervention. But yet life here does not suffer under this burden. On the contrary, they are not concerned, they enjoy truly uncomplicated customs and understand how to see life from the positive side. Why work to produce more than is needed to maintain life's basic needs? *Bo pen niang* – "don't worry, it isn't serious" – words which can be heard at every occasion. This folk that has been subjected to so many foreign influences, has hosted so many "visitors", but has still been able to maintain its sense of kindness and hospitality. *Sa ba di* ("hello, welcome") is used by Laotians to greet everyone they meet. And they smile at the same time. These smiles are certainly an expression of a spiritual nature, but perhaps they are also a guard against a possible encroachment of the other.

If the Laotian Buddhist wants to do something good he can win a commendation – *boun*. This word also means "festival". Meaning: Why not celebrate the festival here and now and worry about earning credit somewhere else some other time?

The Laotians love celebrating. At every opportunity – religious or otherwise – they get together in good spirits. This enables them to forget the mundane worries of daily life for a few moments. The atmosphere at a *boun* is similar to that of a funfair or carnival. People will be singing and playing *khen* as well as dancing the Lam Vong.

Regardless of how people are situated economically and socially, the Laotians have understood how to live life to the full and maintain their ancestral roots with their ancient traditions, their songs, dances and games. And they have achieved the most important thing which is to maintain their own personality despite increasing "globalisation".

The long French presence and the American influence have certainly left their affect on the Laotian mentality. But this interest for the western world appears to have been contained in the city centres of Vientiane and Luang Prabang. In the country, life continues as though at a time in the distant past.

But how much longer? Temptation is enormous: The consumer society which has developed on the other side of the Mekong could incite the Laotians at any time to change their attitude and adopt a different philosophy to life. And Laos would no longer be this enclave of introspective lifestyle which has drawn the visitor irresistibly into its spell.

It is high time, to get to know the country of the Laotians and to feel its intoxicating atmosphere from a lifestyle and joy of being that may already be in decline.

Vientiane

Bei der Vielzahl der Tempel stößt man immer wieder auf interessante Details.

Dans toutes les pagodes, une multitude de détails intéressants.

With so many temples, there are always more interesting details to discover.

Der Mekong dient auch als Transportweg.
Le Mékong, voie fluviale.
The Mekong used for transportation.

Vientiane
That Luang

Vientiane
That Luang

Bei Sonnenaufgang.
Au lever du soleil.
Sunrise.

Vientiane
That Luang

Blick über die Dächer und das Denkmal Setthathiraths.
Par dessus les toits. Au fond: le monument Setthathirath.
View over the roofs and the Setthathirath monument.

Vientiane
Wat Haysok

Trommelturm am Eingang des an der Setthathirath-Straße gelegenen Tempels.

Tour à l'entrée du temple, sur la rue Setthathirath.

Drum tower at the entrance to Setthathirath Street.

Vientiane
Wat Haysok

Inmitten der üppigen Fauna ragt die mächtige Dachkonstruktion empor.

Toit au milieu d'une végétation luxuriante.

Huge roof construction rising in the middle of the lush vegetation.

Vientiane

"Geisterhäuschen", sonst eher in Thailand verbreitet, werden zunehmend auch in Laos beliebt.

"Autel des Esprits". Très nombreux en Thaïlande et aussi très appréciés au Laos.

"House of Spirits", frequently found in Thailand but numbers in Laos are rising.

Vientiane
Wat Inpeng

Seinem Ursprung nach zählt dieser Tempel zu den ältesten Vientianes. Seine Eingangsfront gehört sicher zu den prachtvollsten Exemplaren.

Une des plus anciennes pagodes de Vientiane. Ici, la façade principale, un véritable chef-d'œuvre.

Origins of this temple make it one of the oldest in Vientiane. Its entrance is certainly one of the most majestic examples.

Vientiane
Wat Inpeng

Die Nachbildung einer Opferschale mit der geschlossenen Lotusblüte an der Spitze, flankiert den Aufgang zur Vorhalle.

Reproduction d'un vase à offrandes surmonté d'une fleur de lotus. A l'entrée de la pagode.

Reproduction of an urn for offerings capped with a lotus blossom situated at the entrance to the pagoda.

Vientiane
Wat Inpeng

Eindrucksvolle Dachlandschaft.
Vue impressionnante des toits.
Impressive roof landscape.

Vientiane
Ho Pha Keo

Zu Beginn der 60er-Jahre des 16. Jahrhunderts zur Aufnahme des Pha Keo (Jadebuddha) errichtet, wurde das Gebäude, das nie ein aktives Wat war, im 18. und 19. Jahrhundert zerstört. Der Wiederaufbau erfolgte erst 1942. Es dient heute als Museum der nationalen Kunstschätze.

Conçu au XVIe siècle pour abriter le Bouddha de jade. Détruit aux XVIIIe et XIXe siècles. Reconstruit en 1942. Aujourd'hui Musée National.

Erected to Pha Keo (Jadebuddha) at the beginning of the 60's in the 16th century but never used as a wat and destroyed in the 18th and 19th centuries. Restoration started in 1942. Houses the Museum of National Art Treasures today.

Vientiane
Ho Pha Keo

Buddha-Statuen.
Statues de Bouddha.
Statues of Buddha.

Vientiane
Ho Pha Keo

Bronzener Buddha-Kopf.
Tête de Bouddha en bronze.
A bronze bust of Buddha.

Detail einer Buddha-Statue mit der Erdberührungsgeste.
Bouddha prenant la terre pour témoin. Détail.
Detail of Buddha showing him touching the soil.

Eine Reihe bronzener Buddhastatuen schmückt die offene Galerie.
Dans une galerie ouverte, alignement de statues de Bouddha.
An open gallery showing a series of Buddha bronzes.

Vientiane
Ho Pha Keo

Auffallend ist immer wieder die sorgfältige Gestaltung auch kleinerer Details.

Travail minutieux des plus petits détails dans le Musée National.

The constant attention to minor detail of arrangements is particularly noticeable.

Detail eines Bronzebuddhas, der im Lotussitz die vollkommene Erleuchtung erlangt.
Bouddha en bronze, en position du lotus, sur la voie de l'Illumination. Détail.
Detail of a bronze Buddha in lotus pose showing total inspiration.

Vientiane
Wat Ongtu

Einer der am meisten verehrten Tempel in Laos, der auch über eine hohes Ansehen genießende buddhistische Schule verfügt. Das steile Satteldach wird am First von sogenannten Himmelsblumen geschmückt. An den Giebeln endet der First in stilisierten Nagas, Fabelwesen aus der buddhistischen Legende.

Une des pagodes les plus honorées du Laos, abritant une école bouddhique réputée. Arêtes du toit décorées de motifs floraux, de nagas et d'animaux légendaires.

One of the most honoured temples in Laos with one of the most reputable schools of Buddhism. The steep saddle roof is decorated along the ridge with so-called celestial flowers. The ridge ends at the eves are ornate nagas, mythical creatures of Buddhist legends.

Aus Stoffresten gefertigte Gebetsfähnchen.
Lambeaux de tissus utilisés lors des prières.
Prayer pennants from textile remnants.

Vientiane
Wat Sokpaluang

Das Waldkloster ist eine der ältesten Klosteranlagen Vientianes. Das Zuschneiden der Palmblätter erfordert die volle Konzentration der Nonnen.

Dans le cloître le plus ancien de Vientiane. Nonnes tressant des feuilles de palmier avec grand soin.

The forest monastery is one of the oldest in Vientiane. Preparing the palm leaves requires the full concentration of the nuns.

Vientiane
Wat Sisaket

Das zu Beginn des 19. Jahrhunderts errichtete Nationaldenkmal, überstand als einzige Pagode die Zerstörung Vientianes durch die Siamesen 1827. In den Nischen der Galerien standen einst mehr als 9.000 Buddhafiguren.

Seule pagode ayant survécu à la destruction du Vientiane par les Siamois en 1827. Erigée au début du XIXe siècle, symbole de la culture nationale, ayant autrefois abrité plus de 9000 statues de Bouddha.

Erected at the start of the 19th century, Wat Sisaket is both temple and national monument. It is the only pagoda to survive the Siamese destruction of Vientiane in 1827. The niches in the Galleries once held about 9.000 statues of Buddha.

Vientiane
Wat Sisaket

Vientiane

Am Ufer des Mekong lockt eine Vielzahl von kleinen Open-air-Restaurants und Imbissständen. Der richtige Ort, den Tag mit einem "Beer Lao" ausklingen zu lassen und den Sonnenuntergang über dem Mekong zu bewundern.

Sur les berges du Mékong, restaurants en plein air et gargotes populaires. Une bière laotienne à la main, admirer le coucher du soleil sur le fleuve.

A number of small but very inviting open air restaurants and snack bars along the banks of the Mekong. The right place to end the day and admire the setting sun with a "Laotian beer".

Beerlao

WE SERVE FRESH FRUIT JUICE
SOFT DRINKS

Vientiane

Vientiane

Noch finden sich vereinzelte architektonische Zeugen aus der französischen Kolonialzeit, viele davon vom Verfall gezeichnet.

Vestiges, souvent délabrés, de l'architecture coloniale française.

There are still architectural tributes to the French colonial times many of which show signs of decay.

Bäume spenden willkommenen Schatten in der Fa Ngoum Straße, die am Ufer des Mekongs entlang führt.

Promenade sur la rue Fa Ngoum, longeant le Mékong, à l'ombre de quelques arbres.

Lots of trees provide welcome shade in the Fa Ngoum Street which runs parallel to the Mekong.

Vientiane
Anousavali

Markantes Wahrzeichen, dessen Vorbild der Arc de Triomphe in Paris war. Ursprünglich war der Ende der 60er Jahre begonnene Bau als Denkmal für die Soldaten der königlichen laotischen Armee gedacht, was mit dem Sieg der Pathet Lao 1975 hinfällig wurde. Von der Besucherplattform lässt sich ganz Vientiane überblicken.

Construit sur le modèle de l'Arc de Triomphe à Paris, monument conçu à l'origine en hommage aux morts de l'armée royale laotienne. Abandonné après la victoire du Pathet Lao en 1975. De la plate-forme, vue sur la ville.

Striking symbol modelled on the Arc de Triomphe in Paris. Started at the end of the 60's, the monument was originally built as a memorial to the royal Laotian army, but abandoned after victory by the Pathet Lao in 1975. A visitors' platform gives a fantastic view over the entire city.

Vientiane

97
SUZUKI
SUZUKI

Vientiane
Wat Si Muong

Tempelfiguren.
Sculptures intérieures.
Temple figures.

Vientiane
Wat Si Muong

Die Darstellung zeigt den meditierenden Buddha, wie er von der Naga (Schlange) Mucalinda gegen ein plötzlich einbrechendes Unwetter geschützt wird und dadurch seine Meditation fortführen kann.

Bouddha en méditation, sous la protection du Naga, lors d'une intempérie.

Showing Buddha meditating and how he was protected by the naga (snake), Mucalinda, so that he could continue meditating.

Vientiane
Wat Si Muong

In diesem Tempel, der auch wegen seiner kunstvoll geschnitzten Fensterflügeln mit mythologischen Darstellungen bekannt ist, sind Wünsche gut bewacht.

Pagode admirablement décorée de motifs mythologiques.

Wishes are well guarded in this temple which is also famous for its mythological symbols.

Detailreich und farbenfroh sind Teile der Außenfassade des heute von allen Tempeln der Hauptstadt am stärksten besuchten Wats.

La plus visitée des pagodes de la capitale. Détails polychromes de !a façade.

Of all the temples in the capital today, the Wat is the most visited. Its exterior is rich in detail and vibrant colours.

Vientiane
Wat Si Muong

Der Tempel verfügt über einen umfangreichen Bestand an Buddha-Statuen.
Pagode contenant une multitude de statues de Bouddha.
The temple has a comprehensive array of Buddha statues.

Vientiane

Wissenschaft und Technik als Garanten der Zukunft: Plakatwand im Stile des sozialistischen Realismus.

L'avenir assuré par la science et la technique. Affiches dans le style du réalisme socialiste.

Science and technology guarantee the future: Poster wall styled on socialist realism.

Moderne Zeiten.
Les temps modernes.
Modern times.

Keine Seltenheit in Vientiane: Die Koexistenz des Unzeitgleichen.
Coexistence des époques: Scène de rues à Vientiane aujourd'hui.
Not unusual in Vientiane: Coexistence of different generations.

Motorräder, Mopeds und Autos haben Einzug in die einst ruhigen Straßen Vientianes gehalten. Der Kauf und die Nutzung eines Mopeds sind Familienangelegenheit.

Omniprésence de deux-roues motorisées et des voitures dans les rues de Vientiane jadis calmes. Une affaire de famille.

Motorbikes, mopeds and cars pass through the once quiet streets of Vientiane. Purchase and use of a moped is a family matter.

Vientiane

Die zunehmende Motorisierung macht sich vor allem in der Hauptstadt bemerkbar. "Chum Boos" bilden einen wichtigen Bestandteil des öffentlichen Verkehrwesen.

Toujours plus de véhicules motorisés dans la capitale. Les "Cham Boos", un des moyens de transport les plus appréciés.

Increased mobility making an impression, especially in the capital. "Cham Boos" are an important means of public transport.

Und dennoch: Orte der Ruhe
gibt es fast überall in der Stadt.

*Quelques hâvres de sérénité
un peu partout dans la ville.*

And still: Havens of peace
are found all over the city.

Vientiane
Wat That Luang Tai

Am Eingang des Wat That Luang Tai wird man von Buddha in der "Ermutigungsgeste" empfangen. Die nach oben weisende, zum Betrachter hin geöffnete Hand, soll zum Nähertreten ermutigen.

A l'entrée du Wat That Luang Tai, statue de Bouddha accueillant le visiteur dans un geste d'encouragement. Main ouverte tournée vers le haut, invitant le fidèle à s'approcher.

At the entrance to the Wat That Luang Tai, visitors are greeted by Buddha in a "pose of motivation". The upward facing palms directed toward the onlookers, encouraging them to come closer.

Die Zeichen des Glaubens sind vielfältig.
Une des nombreuses manifestations de la foi.
The signs of faith are numerous.

Vientiane
Wat That Luang Tai

Zu besonderen Anlässen werden Altäre im Freien errichtet.
Autels exposés à l'extérieur lors de cérémonies particulières.
Altars are erected in the open on special occasions.

Fertigung kunstvoller Gaben aus Bananenblättern und Blüten, die später von den Gläubigen in den Tempeln geopfert werden.

Préparation d'offrandes à partir de feuilles et de fleurs de bananiers à destination des fidèles.

Hand finished gifts made from banana leaves and blossoms which are later given as offerings in the temples.

Vientiane
That Luang

Das religiöse Symbol von Laos wird alljährlich zum That Luang Fest prachtvoll geschmückt. Umrahmt werden die religiösen Feierlichkeiten von einem der größten Volksfeste des Landes.

Symbole religieux du Laos. Célébrations religieuses et festivités populaires à l'occasion de la fête du That Luang.

The religious symbol of Laos is maginificently decorated for the That Luang Festival each year.

Bis tief in die Nacht hinein bringen die Gläubigen ihre Opfergaben dar.
Offrandes apportées par les fidèles jusque tard dans la nuit.
Deep into the night, worshippers bring their offerings.

Vientiane

That Luang Fest.
Cérémonie au That Luang.
That Luang Festival.

Vientiane

That Luang Fest.
Cérémonie au That Luang.
That Luang Festival.

Junge Frauen ziehen mit ihren Opfergaben zum That Luang. Scharen von Gläubigen säumen dabei die Straße.

Jeunes femmes apportant leurs offrandes, au milieu d'une foule de fidèles.

Young women carrying offerings to That Luang. Crowds of followers line the streets.

Während des That Luang Festes prägen Pilger und Mönche aus dem ganzen Land das Stadtbild.
Fête du That Luang. Pélerins et moines venus de tout le pays pour les festivités.
During the That Luang Festival, pilgrims and monks dominate the city scenes.

Geldspenden werden häufig in fahnenähnlicher Form dargebracht.

Offrande de billets de banque en forme de drapeaux.

Offerings of money are often in the shape of a flag.

Buddhistischen Mönchen ist das Rauchen erlaubt.

Autorisation de fumer accordée aux moines.

Buddhist monks are allowed to smoke.

Vientiane

Morgenappell in einer staatlichen Grundschule. Die Schuluniform ist Standard.

Elèves d'une école primaire en uniforme à l'appel le matin.

Morning register in a state primary school. The school uniform is standard.

Getränke und süße Leckereien werden wie überall auf der Welt von den Schülern heiß begehrt.

Distribution de confiseries et de boissons, très appréciées de élèves.

Drinks and other sweet snacks are just as popular as in other parts of the world.

Provinz Vientiane
Vang Vieng

Pittoreske Kalksteinfelsen säumen den Lauf des Nam Song.
Rochers de calcaire le long de la Nam Song.
Picturesque limestone cliffs follow the path of the Nam Song.

In der Trockenzeit gibt es einen "Fährverkehr" besonderer Art über den Nam Song, zur Grotte Poukham.
Traversée originale de la Nam Song en direction des grottes de Poukham à la saison sèche.
In the dry season, there is a special "ferry service" across the Nam Song to the Poukham Grotto.

Provinz Vientiane
Vang Vieng

Grotte Poukham.
Grottes de Poukham.
Poukham Grotto.

Sonnenuntergang über der malerischen Kette von Kalksteinfelsen.
Coucher de soleil sur les pittoresques falaises de calcaire.
Sunset over the picturesque chain of limestone cliffs.

Provinz Luang Prabang

Der Wasserfall Tat Kuang Si.
Les chutes de Tat Kuang Si.
The waterfall Tat Kuang Si.

Entlang der Nationalstraße 13 von Vientiane nach Luang Prabang.
Paysage le long de la Route Nationale 13 de Vientiane à Luang Prabang.
Along Highway 13 from Vientiane to Luang Prabang.

Wasserfall Tat Xe.
Chutes de Tat Xe.
Waterfall Tat Xe.

Provinz Luang Prabang

Fährboote am Ufer des Mekong.

Embarcations sur les rives du Mékong.

Ferry boat at the banks of the Mekong.

Während der Trockenzeit kann der Pegel des Mekong soweit absinken, dass es für die Schifffahrt problematisch werden kann.
A la saison sèche, navigation sur le Mékong rendue difficile par les basses eaux.
During the dry season, the level of the Mekong sinks so low making shipping hazardous.

Luang Prabang
Wat Xieng Thong

Szene aus dem Götterepos Ramayana
mit dem Affengott Hanuman.

*Scène de l'épopée de Rama avec
Hanuman, dieu-singe.*

Scenes from the Sanskrit epic of Rama
with the entellus monkey god, Hanuman.

Der Mekong, die Lebensader des Landes.
Le Mékong, source de vie pour le Laos.
The Mekong, the country's lifeline.

Luang Prabang

Die traditionelle Form der Papierherstellung wird nach wie vor intensiv praktiziert.

Fabrication traditionnelle du papier.

The tradional form of papermaking is still a common skill.

Herstellung des hochprozentigen Reisschnaps (Lau Lao), der hier gerade filtriert wird.

Distillation de l'alcool de riz.

Production of the high-proof spirit, Lau Lao, showing the filtering process.

Die traditionsreiche Kunst der Silberschmiede wird auch heute noch ausgeübt.

L'art traditionnel des bijoux en argent.

The traditional art of the silversmith is still a family skill.

Luang Prabang

Wat That, dessen Errichtung König Setthathirath 1548 veranlasste, fasziniert nicht zuletzt durch die auf den Türen und Fenstern dargestellte Legende von König Sisouthone.

What That à Luang Prabang. Erigé en 1548 par le Roi Setthathirath. Sur les portes et les fenêtres, représentations de la légende du Roi Sisouthone.

Wat That, which was erected on command of King Setthathirath in 1548; not only fascinating for its portrayal of the legends of King Sisouthone.

Luang Prabang
Wat May

1821 begonnen aber erst 70 Jahre später vollendet, war der Tempel bis 1975 Sitz des Obermönches von Laos.

Monastère fondé en 1821, terminé 70 ans plus tard et jusqu'en 1975 siège de l'autorité suprême des moines au Laos.

Started in 1821 but only finished 70 years later, it was the temple seat of the preceptor monk up until 1975.

Luang Prabang
Wat Long Khun

Der auf dem rechten Mekong-Ufer gelegene Tempel, stammt aus dem 18. Jhdt. In ihm verbrachten die designierten Könige vor ihrer Thronbesteigung einige Meditationstage.

Sur la rive droite du Mékong. Erigé au XVIIIe siècle. Lieu de recueillement des rois avant leur couronnement.

The temple on the right bank of the Mekong dating back to the 18th century. Here, the designated kings would have spent their meditation periods prior to their ascension to the throne.

Wat Visoun

Die Gründung des Tempels erfolgte 1512 durch König Visounarat. Er birgt eine faszinierende Sammlung von Buddha-Statuen.

Erigée en 1512 par le Roi Visounarat. Etonnante collection de statues de Bouddha.

The foundation of the temple were laid in 1512 by King Visounarat. It holds a fascinating collection of Buddha statues.

Wat Sop

Buddhas im Wat Sop, dessen Entstehung auf das Jahr 1480 zurückgeht.

Erigé en 1480. Collection de statues de Bouddha.

Buddhas in Wat Sop, which dates back to 1480.

Regenschirme sind auch bei Mönchen beliebt: Sie schützen nicht nur vor heftigen tropischen Niederschlägen sondern auch vor der stechenden Sonne.

Parapluies et ombrelles pour protéger les moines des pluies tropicales et de l'ardeur du soleil.

Umbrellas are also a popular monk's requisite: Protecting them not only from the heavy tropical precipitation but also from the burning sun.

Luang Prabang
Wat Xieng Thong

Lebensfreude und Askese schließen sich im Buddhismus nicht aus.
Pas d'incompatibilité dans le Bouddhisme entre joie et ascèse.
Pleasure and asceticism are not incompatible in Bhuddism.

Auch im einstigen Lane Xang-Reich, dem Reich der Million Elefanten, sind sie heute ein immer seltener werdender Anblick.

Laos: jadis Royaume du Lang Xan, du Million d'éléphants. Aujourd'hui, un animal de moins en moins visible.

Even in the former Empire of Lane Xang (Empire of a Million Elephants), these majestic animals are becoming increasingly rare today.

Luang Prabang

That Pathoum bzw. That Mak Mo (Melonenstupa): In ihrer heutigen Gestalt 1914 wieder aufgebaut, stammt die Stupa ursprünglich aus dem Jahr 1504.

That Pathoum ou That Makmo, Luang Prabang – Stupa en forme de melon, érigé en 1504, reconstruit en 1914.

That Pathoum or That MakMo (melon-shaped stupa): Rebuilt in its present form in 1914 but originating in 1504.

Provinz
Luang Prabang
Wat Phou Si

Von dem auf dem gleichnamigen Berg inmitten der Stadt gelegenen Tempel, reicht der Blick weit ins Land hinaus.

War Phou Si, à Luang Prabang, en haut de la montagne du même nom. Magnifique vue sur le paysage environnant.

A magnificent view across the land from the temple which stands on the mountain of the same name in the middle of the city.

Luang Prabang

Das fruchtbare Uferschwemmland des Mekongs wird landwirtschaftlich intensiv genutzt.

Cultures maraîchères sur les berges limoneuses du Mékong.

The fertile flood plains of the Mekong are intensively farmed.

Luang Prabang

Pi Mei Fest.
Fête du Pi Maï.
Pi Mei Festival.

Luang Prabang
Pi Mei Fest

Einem alten Brauch entsprechend, lässt man zu Neujahr gefangene Vögel, die man vor den Tempeln kaufen kann, frei.
Selon la tradition pour le nouvel an laotien, oiseaux achetés en cages devant les pagodes et rendus à la liberté.
According to ancient custom, captured birds are released at new year. These can be bought in front of the temple.

Das im Buddhismus typische Motiv der Lotusblüte erscheint hier als kunstvolle Girlande.
Motif bouddhique par excellence, fleur de lotus sous forme artistique de guirlande.
The ever present motif in Buddhismus, the lotus blossom, appears here in the form of a garland.

Luang Prabang
Wat Xieng Thong

Während des Pi Mei Festes begleiten Gongschläge die religiösen Zeremonien.
Fête du Pi Maï. Cérémonies religieuses au son du gong.
Gongs are beaten throughout the religious ceremonies during the Pi Mei Festival.

Luang Prabang

Ein Wald von Papierbannern schmückt die während des Pi Mei Festes am Mekongufer errichteten Sandstupas.
Multitude de bannières en papier pour décorer des stupas de sable sur les rives du Mékong lors des fêtes du Pi Maï.
A forest of paper streamers decorate sand stupas during the Pi Mei Festival on the banks of the Mekong.

Provinz Luang Prabang
Pak Ou

Seit altersher wurden hier Buddhastatuen im Falle von kriegerischen Auseinandersetzungen in Sicherheit gebracht.

Grottes de Pak Ou abritant des statues de Bouddha, loin des conflits et des guerres.

For centuries, Buddhist statues have been kept safely hidden here during times of war.

Provinz Luang Prabang
Pak Ou

Die Höhle Tham Thing beherbergt eine Vielzahl von Buddha-Figuren, Tribut laotischer Könige und deren Gefolge aus einem Zeitraum von rund 400 Jahren. Mit Hilfe der "Rüttelstäbchen" kann man etwas über seine Zukunft erfahren.

Grottes de Tham Thing. Lieu de pélerinage abritant une infinité de statues de Bouddha. Tribut des rois laotiens et de leurs suites depuis 400 ans. Baguettes de bois à secouer pour prédire l'avenir.

The Tham Thing Caves hide an almost infinite number of Buddha figures: Tributes to Laotian kings and their followers over a period of approximately 400 years. "Riddle sticks" can help plan your future.

Luang Prabang

Der Blick von jenseits des Mekongs auf die Stadt, lässt ihre von Bergen umgebene Lage erkennen.

Vue de la ville au milieu des montagnes de l'autre côté du Mékong.

The view from the other side of the Mekong over the city showing its location surrounded by mountains.

Luang Prabang
Hotel Calao

Einst von den französischen Kolonialherren erbaut, heute Hotel, eröffnet sich zum Mekong hin ein stimmungsvoller Ausblick.

Splendide vue sur le Mékong à partir d'un immeuble de l'époque coloniale, aujourd'hui reconverti en hôtel.

Built by the French colonists and used as a hotel today, it presents an idyllic view toward the Mekong.

Luang Prabang
Wat Xieng Thong

Vor dem ersten gemeinsamen Morgenmahl wird der Innenhof mit Reisigbesen gefegt.
Avant le premier repas pris en commun, nettoyage chaque matin de la cour intérieure à l'aide d'un grand balai.
Sweeping the courtyard with a besom before going to the first communal meal of the day.

Auch Mönche erhalten den obligatorischen Wasserguss während des Pi Mei Festes, der der rituellen Reinigung dient.
Fête du Pi Meï. Arrosage ou rite de purification, aussi pour les moines.
Monks get an obligatory dousing too, a ritual cleansing, during the Pi Mei Festival.

Luang Prabang
Wat Xieng Thong

Die Begräbniskapelle gehört zu den am prachtvollsten ausgestatteten Gebäuden.

Splendides décorations du monument funéraire.

The burial chapel is one of the most majestically furnished buildings.

In der Begräbniskapelle befindet sich der mit drei Nagas geschmückte Bestattungswagen der königlichen Familie.

A l'intérieur du bâtiment funéraire, char destiné aux funérailles de la famille royale, décoré à l'avant de trois Nagas.

In the so-called "Burial Chapel" is the royal burial carriage which is decorated at the front with three nagas.

Luang Prabang

Süßwasserfische stellen in dem Binnenland einen wichtigen Ernährungsfaktor dar.
Elément principal de la nourriture au Laos (sans accès à la mer): poissons d'eau douce.
Fresh water fish is an important nutritional factor since Laos does not have its own access to the sea.

So unangenehm die "Stinkfrucht" (Durian) riecht, so sehr wird doch von vielen ihr fleischiger Samenmantel als Delikatesse geschätzt.

Durian: fruit à l'odeur très forte et désagréable, mais très apprécié des amateurs pour son goût.

As unpleasant as the "stinkfruit" (Durian) smells, the more the meaty, seedy skin is considered a delicacy.

Die Formen der Natur sind vielfältig.
La nature sous ses formes diverses.
The shapes of nature are varied.

Luang Prabang

Lebensmittel kauft man täglich frisch auf dem Markt.
Produits frais en vente chaque jour au marché.
Food is normally purchased daily in the market.

Provinz Xien Khouang
Phone Savan

Morgenstimmung in der Provinzhauptstadt die lediglich rund 7.000 Einwohner zählt.

Capitale provinciale, d'environ 7000 habitants seulement. Paysage matinal.

Morning atmosphere in the province's capital with just about 7.000 inhabitants.

Der spärliche Verkehr wird häufig noch mit Fahrzeugen aus ehemaliger sowjetischer Produktion bestritten, die im Zuge "sozialistischer Bruderhilfe" ins Land kamen.

Circulation réduite à quelques véhicules datant encore de l'époque de la coopération avec les pays-frères socialistes.

The poor transportation is often made with former soviet vehicles which were brought into the country by "socialist fraternal assistance".

Provinz Xieng Khouang
Thong Hay Hin

Die Ebene der Tonkrüge zählte während des letzten Indochinakrieges zu den am heftigsten umkämpften Gebieten.

Théâtre de combats acharnés lors de la guerre d'Indochine.

The Plain of Earthenware Urns was one of the most heavily contested area during the Indochinese war.

Provinz Xieng Khouang
Ebene der Tonkrüge

Bis heute ist die Frage nach der Entstehung und der Funktion der oft tonnenschweren Objekte ungelöst.

Objets pesant parfois des tonnes et dont l'origine et la fonction restent toujours énigmatiques.

Until today, the question of the function of the tonne weights remains unsolved.

Provinz Bolikhamsay

Fast genau auf der Hälfte des Weges zwischen Vientiane und Paksane liegt ein beliebter Wallfahrtsort mit einem angeblichen Fußabdruck Buddhas.

A mi-chemin entre Vientiane et Paksan. Lieu de pélerinage où se trouverait l'empreinte d'un pied de Bouddha.

Located almost exactly halfway between Vientiane and Paksane, this temple is a popular pilgrimage because of the supposed footprint of Buddha.

Provinz Bolikhamsay
bei Lak Sao

Dichter Morgennebel verhüllt die Landschaft.

Brouillard matinal près de Lak Sao.

Cloaked in thick morning fog.

Provinz Bolikhamsay
bei Lak Sao

Die Berglandschaft mit ihren zerklüfteten Felsmassiven bietet abwechslungsreiche Ausblicke.

Paysage montagneux aux perspectives variées.

The mounainous terrain with its fissured rock surface gives a variety of views.

Zwischen Lak Sao und Thakhek führt die Straße durch die fruchtbare Ebene entlang der Gebirgskette, die bis zur vietnamesischen Grenze reicht.

Entre Lak Sao et Thakhek, une plaine fertile traversée par la route qui conduit à la frontière vietnamienne.

Between Lak Sao and Thakhek the road passes through a fertile plain along the mountain range up to the Vietnamese border.

Provinz Khammouane

Entlang der Straße Nr.12, inmitten wilder Felslandschaft.

Le long de la route n° 12. Paysage de montagne.

Along Highway 12, inmidst a wild rocky landscape.

Wo immer möglich wird neben der Landwirtschaft auch Fischzucht betrieben.

Si possible, agriculture et pisciculture vont de pair.

Wherever possible, fish farms are operated alongside agriculture.

Provinz Khammouane
Thakhek

That Sikhottabong zählt zu den wichtigsten Pilgerstätten in Laos. Seine Ursprünge reichen bis ins 6. Jahrhundert zurück.

That Sikhottabong: un des principaux lieux de pélerinage au Laos, datant du 6e siècle.

That Sikhottabong is one of the most important pilgramages in Laos. Its origins date back to the 6th century.

Die Stupa, in Form einer stilisierten geschlossenen Lotusblüte, ragt rund 30 m empor.

Stoupa en forme de bouton de lotus et s'élevant à environ 30 m de hauteur.

The Stupa in the shape of an ornate, closed lotus blossum and stands about 30 m high.

Schwer bepackt ersteigen die Passagiere die steile Treppe von der Fähranlegestelle zur Straße.

Passagers lourdement chargés empruntant des marches abruptes pour arriver à la rue.

Heavily laden, passengers climb the steps from the ferry docking point to the road.

Provinz Khammouane
Takhek

Nächtlicher Blick
auf den Mekong.

*Vue sur le Mékong
la nuit.*

Evening view
of the Mekong.

Provinz Savannakhet

In den Dörfern wird intensiver Reisanbau betrieben.

Riziculture intensive dans les villages.

Intensive rice farming in the villages.

Der Wasserbüffel spielt eine wichtige Rolle in der Landwirtschaft.
Les buffles sont importants dans l'agriculture.
The water buffalo plays an important role on the farm.

Geflügelzucht wird in vielen Dörfern betrieben.
Elevage de volaille.
Poultry farming practised in many villages .

Provinz Savannakhet

Reisfelder im Gegenlicht.

Rizières en contre-jour.

Rice fields against the sun.

Provinz Saravane
bei Tat Lo

Zahlreiche Flüsse, die dem nahegelegenen Bolavenhochland entspringen, durchziehen das Land.

Cours d'eau venant du Plateau des Bolaven.

Near Tat Lo, many rivers with their sources in the Bolaven Heights run through the land.

Provinz
Champassak
Pakse

Vom ehemaligen Palast des Prinzen Boun Oum – heute ein Hotel – hat man einen herrlichen Blick auf die im Morgendunst liegende Landschaft.

A partir d'un ancien palais du Prince Boun Oum, reconverti en hôtel, magnifique vue sur le paysage dans les brumes matinales.

From the hotel there is a fantastic view of the countryside lying in the morning mist – once the former palace of the Prince Boun Oum.

Brücke über
den Se Done.

*Pont enjambant
la Se Done.*

Bridge over
the Se Done.

Provinz Champassak

Mekongufer bei Champassak.
Rives du Mékong à Champassak.
Banks of the Mekong near Champassak.

Eine Pause im Fährbetrieb wird zum Wäschetrocknen genutzt.

Pause entre deux bacs mise à profit pour sécher le linge.

Break for the ferry operation to dry the laundry.

Provinz Champassak

Wat Phou

Die ältesten Teile der am Fuße des 1.200 m hohen Berges Phou Pasak gelegenen Tempelruinen, stammen aus dem 5. und 6. Jahrhundert. Die Anlage ist damit rund 200 Jahre älter als Angkor und einige Wissenschaftler vermuten, dass sich in dieser Gegend die damalige Hauptstadt des Khmer-Reiches Chengla befand.

Au pied du mont Phou Pasak de 1200 m de hauteur, vestiges des plus anciennes ruines de la pagode du Ve et VIe siècles. Site datant de 200 ans avant celui d'Angkor et qui, selon certains archéologues, aurait été le siège de l'ancienne capitale du Royaume Khmer, Chengla.

The oldest part of the temple ruins dating from the 5th and 6th centuries at the foot of the 1,200 m high Phou Pasak mountain. The site is some 200 years older than Angkor and some scientists think this area was once the capital of the Khmer Empire of Chengla.

Die Präzision und Qualität der Ausführung der Fenster zeugt vom hohen Stand der damaligen Steinmetzkunst.

Précision et qualité de l'exécution des fenêtres, attestant du haut niveau de connaissances des tailleurs de pierres de l'époque.

The precision and quality of the windows structure shows the high standards of the stone masons of the time.

Provinz Champassak
Wat Phou

Blick auf eines der künstlich geschaffenen Wasserbecken.
Vue sur un bassin artificiel.
View shows one of the artificial lakes.

Fähren am Ufer des Mekong.
Bacs sur les rives du Mékong.
Ferries on the banks of the Mekong.

Für die vielfältige Hilfe möchten wir Frau Dr. Claudine Delphis
und unseren laotischen Freunden ganz besonders danken.
We would like to thank Dr. Claudine Delphis
and our Laotian friends for their inavaluable help.

Das Projekt haben meine Frau Petra Schmitt, von der auch
die folgenden Bilder stammen, und ich gemeinsam realisiert.
This has been a joint project with my wife, Petra Schmitt,
who also took the following photographs:

Zweite Umschlagseite, second cover page (page = S.)
S. 46/47, S. 59, S. 60 (r), S. 61, S. 62 (l. o., r. o.), S. 83, S. 87 (r.), S. 88 (l., r.),
S. 96/97, S. 103 (u.), S. 108 (l.), S. 112 (l.), S. 115 (l.), S 116, S. 120 (l.),
S. 122 (r.), S. 129, S. 136 (r.), S. 143, S. 157, S. 160, S. 170